Hermann Knapp

Beiträge zum alten Nürnberger Kriminalrecht

Hermann Knapp

Beiträge zum alten Nürnberger Kriminalrecht

ISBN/EAN: 9783743332584

Hergestellt in Europa, USA, Kanada, Australien, Japan

Cover: Foto ©Suzi / pixelio.de

Manufactured and distributed by brebook publishing software
(www.brebook.com)

Hermann Knapp

Beiträge zum alten Nürnberger Kriminalrecht

BEITRÄGE

ZUM

ALTEN
NÜRNBERGER KRIMINALRECHT.

HABILITATIONSSCHRIFT

VERFASST UND DER

HOHEN RECHTS- UND STAATSWISSENSCHAFTLICHEN
FAKULTÄT

DER

K. BAYER. JULIUS-MAXIMILIANS-UNIVERSITÄT WÜRZBURG

ZUR

ERLANGUNG DER VENIA DOCENDI

VORGELEGT VON

DR. JUR. HERMANN KNAPP,
KGL. ARCHIVSEKRETÄR IN WÜRZBURG.

BERLIN 1895.
DRUCK VON A. W. HAYN'S ERBEN.

Vorwort.

Vorliegende Habilitationsschrift stellt den ersten Teil der ebenfalls der Fakultät unterbreiteten und in der Folge der Öffentlichkeit übergebenen Gesamtabhandlung „Das Alte Nürnberger Kriminalrecht" dar, welche wieder gleichsam als Fortsetzung des im XII. Band der Zeitschrift für die gesamte Strafrechtswissenschaft publizierten „Kriminalverfahrens" anzusehen ist. Hinsichtlich der für die Verabfassung maßgebenden Gesichtspunkte verweise ich auf das Vorwort der beiden Abhandlungen.

Der Verfasser.

Quellen.

AB. I = Achtbuch 1285—1885 (No. 80¹/₂). KA., früher RA.

AB. Lochner = Achtbuch, von Lochner teilw. publ. 1. s. Gesch. Nürnb. z. Z. Karl IV., Original nicht auffindbar.

AB. 816 = Achtbuch 1381—1402 (Cod. 816). KA.

AB. 817 = Achtbuch 1403—1420 (Cod. 817). KA.

AB. 1448 = Achtbuch 1448—1512 (S. 1, L. 69). KA.

AB. 581 = Achtbuchfragment (MS. 581). KA.

AB. 1578—1581 = Acht-, bezw. Tortur-Buch d. eisd. ann. KA.

AB. 1581—1588 = „   „   „   „   „   „   „

AB. 1588—1598 = „   „   „   „   „   „   „

AB. 1598—1600 = „   „   „   „   „   „   „

AB. 1604—1611 = „   „   „   „   „   „   „

AB. 1615—1618 = „   „   „   „   „   „   „

Ann. = Müllner, Annalen der Stadt Nürnberg. StA.

Brfb. = Nürnb. Briefbücher, 1 ff. KA.

Cod. 814 = Gesetze und Ordnungen. KA.

Cod. 818 = Gesetze und Ordnungen. KA.

Collect. = Chronikbruchstücke. StB.

Etl. Act. = Etliche Actus aus alten Acht- u. Strafbüchern (MS. 581). KA.

Haderb. I u. II. = Nürnb. Haderbücher 1469—1581 u. 1454 ff. (S. 1, L. 69). KA.

HGB. I u. II. = Nürnb. Halsgerichtsbücher 1487—1558 u. 1559—1584, (No. 413 u. 414). KA.

HGO. I—III. = Nürnb. Halsgerichtsordnungen 1294, 1481, 1526 (s. „Verfahren“, 245, 586 ff., (50, 144 ff.). KA.

JR. = Jahresregister, I. Bd., 1381 ff. KA.

Kiefhab. = Kiefhabers Nachlafs. HStB.

K. Ludw. Selekt. = Nürnb. Leumundsprivileg (K. L. S. 190). RA.

Mfzb. = Nürnb. Malefizbuch (MS. 556ᵃ). KA.

Mfzb. 74, 802, 530 = Nürnb. Malefizbücher s. eisd. num. StA.

Muffel-Akt = Akt über Nik. Muffel (S. 1, L. 6 Nr. 1). KA.

PO. 1548, 1572 = Verneute Nürnb. Polizeiordnung, 1548, bezw. 1572 (S. 1, L. 212 Nr. 24ᵃᵈ). KA.

Privilegienb. = Nürnb. Privilegienbuch, Nr. 21. KA.

Rtb. = Nürnb. Ratsbücher Nr. 0 ff. KA., StA. (letztere Kopien).

Rtschlb. = Nürnb. Ratschlagbücher, Nr. I ff. KA. (bis VII vor E. d. Kar.)

Rp. = Nürnb. Ratsprotokolle, 1449 ff. KA.
StR. = Nürnb. Stadtrechnungen, 1877 ff. KA.
Stark = Stark'sche Chronik. StA.
Verl. d. H. Ä. = Verlässe der Herrn Ältern, No. 50. KA.

**Aufserdem eine grofse Zahl mit dem Fundort bez. einzelner Urkunden und
Akten d. KA.**

RA.: Reichsarchiv München; KA.: Kreisarchiv Nürnberg; StA.: Stadtarchiv
Nürnberg; HStB.: Hof- u. Staats-Bibliothek München; StB.: Stadt-
bibliothek Nürnberg.

Litteratur.

Allfeld, Entwicklung des Begriffes Mord bis zur Carolina.

Anzeiger für Kunde der Vorzeit (herausgeg. v. Germ. Mus. i. N.).

Bar, Geschichte des deutschen Strafrechts.

Bennecke, Die strafrechtliche Lehre vom Ehebruch.

Brunnenmeister, Die Quellen der Bambergensis.

Brunner, Die Abspaltungen der Friedlosigkeit. (Z. d. Savignyst. f. Rg. XI.)

Cohn, Das Verbrechen im öffentlichen Dienst nach altdeutschem Recht.

Cropp, Der Diebstahl nach dem ältern Recht der freyen Städte. (Hudt-walcker und Trummer, Crim. Beitr. II).

Dannreuther, Nemesis Norica.

Dreyer, Antiquarische Anmerkungen über einige in Deutschland übl. gew Lebens- Leibes- und Ehrenstrafen.

Endter, Meister Frantzens (Nachrichters i. N.) Tagebuch.

Frauenstädt, Blutrache und Totschlagsühne im deutschen Mittelalter.

Friedländer, Der Rückfall im gemeinen deutschen Recht.

Gengler, Die strafrechtliche Lehre vom Verbrechen der Vergiftung.

Grimm, Über Notnunft an Frauen. (Z. f. DR. V u. IX).

Grimm, Deutsche Rechtsalterthümer.

Günther, Über die geschichtliche Entwicklung des Verbrechens der Körper-verletzung.

Güterbock, Die Entstehungsgeschichte der Karolina.

Hälschner, Geschichte des brandenb.-preufs. Strafrechts.

Hänle, Die Juden in Franken.

Hammer, Die Lehre vom Schadensersatz nach dem Ssp. und verw. R. (Gierke, Unters. XIX).

Haupt, Die religiösen Sekten in Franken vor der Reformation.

Hegel, Chroniken der deutschen Städte, Nürnberg, Bd. I—V.

(H. D.) Historica Diplomatica Norimbergensis.

Hoffmann, Geschichte der Censur.

Honingen, Beiträge zur Geschichte des strafbaren Bankrotts.

Jäger, Jur. Magazin für Reichsstädte.

John, Das Strafrecht in Norddeutschland z. Z. der Rechtsbücher.

John, Landzwang und widerrechtliche Drohungen.

Kamann, Nürnberg im Bauernkrieg.

Köstlin, Die Ehrverletzung nach deutschem Recht. (Z. f. DR. XV).

Kriegk, Deutsches Bürgerthum im Mittelalter.

Levita, Das Recht der Notwehr.

Liszt, Meineid und falsches Zeugnis.

Lochner, Geschichte der Reichsstadt Nürnberg z. Z. Karl IV.

Lochner, Nürnberger Jahrbücher.

Lüning, Der Reinigungseid bei Ungerichtsklagen im Mittelalter.

Magazin, historisch-diplomatisches für das Vaterland.

Mitteilungen des Vereins für Geschichte der Stadt Nürnberg.

Morris, Geschichte und System der mildernden Umstände.

Mummenhoff, Alt-Nürnberg.

Mummenhoff, Das Rathaus in Nürnberg.

Murr, Journal für Kunst und Litteratur.

Neumann, Geschichte des Wuchers in Deutschland.

Osenbrüggen, Das Alamannische Strafrecht im Mittelalter.

Osenbrüggen, Die Brandstiftung.

Osenbrüggen, Der Nachtschach. (Z. f. DR. XVII).

Osenbrüggen, Die Teilnahme am Verbrechen nach altdeutschem Recht.
     (Z. f. DR. XVIII).

Planck, Waffenverbot und Reichsacht im Sachsenspiegel (Sitzber. d. Münchn
     Ak. 1884, I, 102).

(PO.) Nürnberger Polizeiordnungen (Litt. Ver. Stuttg. LXIII).

(Ref.) Nürnberger Reformation, 1479

Rettwisch, Strafrechtliche Studien über die Begünstigung.

Sachs, Hans, herausgeg. v. Keller. (Litt. Ver. Stuttg.).

Scheurl, Beiträge zur Geschichte des Eheschliefsungsrechts (Z. f. KR., XXII.)

Schmidt, Das Spiel im deutschen Recht.

Schönlank, Soziale Kämpfe vor 300 Jahren.

Seeger, Über die Ausbildung der Lehre vom Versuch.

Siebenkees, Magazin und Materialien zur Nürnbergischen Geschichte.

Soden, Kriegs- und Sitten-Geschichte der Reichsstadt Nürnberg.

Soldan, Geschichte der Hexenprozesse.

Ständlein, Geschichte der Vorstellung und Lehre vom Selbstmord.

Stromer, Geschichte des Reichsschultheifsenamtes in Nürnberg.

Wächter, Beiträge zur Geschichte des deutschen Strafrechts.

Wagenseil, De Civ. Norimb. Commentatio.

Waldau, Neue und Vermischte Beiträge zur Geschichte der Stadt Nürnberg.

Wallenrodt, Injurienklagen auf Abbitte und Widerruf. (Z. f. Rg. II).

Weinholdt, Über die deutschen Fried- und Freistätten.

Westermayer, Die Brandenb.-Nürnb. Kirchenvisitation und Kirchenordnung.

Wölckern, Commentatio succincta in Cod. Jur. Stat. Nor.

Wyneken, Die Landfrieden in Deutschland.

Zöpfl, Das alte Bamberger Recht.

—>·>‹·‹—

Einleitung.

„Thue Recht und — fürcht Dich darbey!"

H. Sachs.

Im Verfahren ward eine kurze Charakteristik des Rates und
der Konsulenten geboten, zugleich der Maximen gedacht, von
welchen sie sich während der Ära des Anklage-, wie des In-
quisitions-Prozesses leiten und beeinflussen liefsen. Ein Hinweis
erfolgte vor allem auf das Bewufstsein des Gottesgnadentums,
wie der Unfehlbarkeit, das diejenigen beseelte, welche Alt-Nürn-
bergs Geschicke zu lenken allein für befähigt und berufen galten.
Und demgemäfs tritt — analog den die peinliche Befragung
regelnden Beschlüssen — auch in den Strafaussprüchen und den
sie veranlassenden Verhandlungen jenes aristokratische Selbst-
gefühl, jene — bei Hereinragen politischer Momente — bis zur
Ängstlichkeit gesteigerte Bedächtigkeit, jenes konservative, zähe
Festklammern an den alten, hergebrachten Gebräuchen nur allzu
häufig hervor. Leicht sind sie zu verletzen und zu kränken in
ihrer unantastbaren Würde durch Bürger, wie durch Gäste; der
Königsfriede waltet um und in der Kurie, jeden dort verübten
Frevel zum Majestätsverbrechen umgestaltend. Nach aussen brüsten
sie sich gerne mit ihrer Gerechtigkeitsliebe und übergrofsen Milde,
und — als sich vornehmlich weisheitsbegabt dünkend — versagen
sie den Parteien die Berufung an des Reiches oberste Instanz,
wie zuweilen — freilich oft nicht mit Unrecht — fremden Ge-
walthabern die Verurteilung und Richtung der von ihnen angeklagten, in Nürnbergs Gefängnis schmachtenden Untertanen.
Der Sippe des Schuldigen, den Fürbitten Mächtiger erteilen sie
zu freigebig Gewähr; bei Totschlägen im Landgebiet, wo ihnen
die Jurisdiktion nicht selten vom Nachbarfürsten bestritten wird,

betätigen sie zu wenig Strenge und Konsequenz, der Taidigung,
wie überhaupt der Laune des Klägers zu viel Beachtung ein-
räumend. Furchtsam lauschen sie dem Gerücht und Geschrei der
Menge, allem vorbeugend, was irgendwie Unwillen und Unruhe
verursachen könnte; tatenlos verharren sie hie und da der Willkür
der Volksjustiz, wie z. B. dem Gebahren des Pöbels am Rabenstein gegenüber, wo der Henker bei unredlichem Richten trotz
des scharfen Friedgebots nur mit genauer Not der Steinigung ent-
rinnt. Zu hartnäckig halten sie mitunter an veralteten grausamen
Strafen — wie am Lebendigbegraben und später am Ertränken
— fest; Schritt für Schritt zurückweichend gewähren sie den Forder-
ungen der neuen Theorien nur mit Widerwillen Einfluß und
Geltung. Auch der Egoismus scheint ihrem Herzen nicht völlig
fremd. Nicht, daß sie sich als „Taschenrichter" erweisen; ich
gedenke jedoch hier ihres Bestrebens, bedeutende Männer, wie
Veit Stoß, anstatt sie zu verbannen, zu konfinieren, um sie ganz
zum Vorteil der Kommune auszunützen, oder der Beschlüsse, wonach
Missetäter mit Weib und Kind verwiesen, ja — wie einige Male
— der Familie wegen gar nicht bestraft werden, lediglich deshalb,
um der Stadt die Unterhaltung derselben zu ersparen.

Aber diese Mängel — abgesehen davon, daß es fraglich, ob
letzteres nach damaliger Anschauung als solcher gelten darf —
werden durch mannigfache Vorzüge zum Schweigen geboten und
dokumentieren sich selbst wieder in vieler Hinsicht zum Frommen
der Republik.

Gerade jenes gerügte Selbstbewußtsein ist es, was die anfangs
so haltlose, auf thönernen Füßen basierende Obrigkeit zur höchsten
Autorität bei den Bürgern, wie im Ausland gelangen läßt. Ihr
überlegtes, bedächtiges Vorgehen bewahrt sie nicht selten vor
unreifen, übereilten Entschlüssen, vor manchem Übergriff. Ihr
Festhalten am Erbstück der Väter, den altbewährten Bräuchen,
verleiht — wie es sich in der folgenden Darstellung erweist —
den Aussprüchen vielfach eine mildere Sprache, als die spätere
sklavische Unterwerfung unter die Dikta der neuen hochnotpein-
lichen Ordnung.

Ohne sonst ihre Regierungsweise — welche trotz zahlreicher
Fehlgriffe immerhin von trefflichen Maximen geleitet ist und uns
bei Prüfung der einzelnen Epochen eine Reihe von Männern offenbart, die beseelt von politischer Einsicht, durchglüht von hohem

Pflichtbewufstsein das schwanke Staatsschiff sicher durch Sturm und Klippen steuern — näher zu beleuchten, sei hier nur ihre kraftvolle, achtunggebietende Ausgestaltung des anfangs so unzureichenden Sicherheitswesens, ihre energische Handhabung des Landfriedens, ihr rücksichtsloses Vorgehen gegen das Plackertum und die den Stadtbereich bedräuenden zahllosen fahrenden „schädlichen Leute", ihre umfassende Regelung des Verkehrswesens mit einer Fülle von Mafsnahmen, den Bürger vor Trug und Fälschung zu schirmen, ihr Bestreben, den Wohlstand der Bevölkerung durch Niederdrückung des Luxus, des Wuchers und andrer verderblicher Feinde zu sichern.

Ein nennenswerther Vorzug ist es ferner, dafs in des Rats Kollegium, das alle Phasen der Untersuchung leitet und die endgiltigen Entscheide fällt, das Laienelement dominiert, kein Doktor „er sei vom geschlecht, wie edel er immer woll" Zutritt zu jenem erzwingt, und trotzdem den humanen Anschauungen der Konsulenten, ihren so freisinnigen und freimütigen Kundgebungen gelegentlich der Beurteilung der Bauernaufrührer und Wiedertäufer, wie in den Tagen des Hexenwahns ein so wohltuendes Echo in den Beschlüssen des Rates beschieden wird.

Und die Konsulenten sind es auch, welche ihn bei politischem Schwanken zu entschiednem Einschreiten ermutigen, die ihn rücksichtslosem Tadel unterwerfen, sofern er leichtgläubig verleumderisch Bezichtigte der peinlichen Frage überantwortet oder — unvermögend der Genufssucht der Zeit die Stirne zu bieten — in der Durchführung strikter Ehegesetze und Ahndung der Sittlichkeitsdelikte zu grofser Lässigkeit fröhnt.

Zumeist aus Italiens Hochschulen hervorgegangen, bekunden sie neben dem freien Blick für das Leben oft rühmenswerte Kenntnis des Rechts. Eine reiche kriminalistische Fundgrube bieten uns ihre nach kollegialer Beratung verabfafsten Ratschläge. Trotz gewissenhafter Anlehnung an die bestehenden Normen ermangeln sie in ihren Aussprüchen keineswegs der Originalität; vielfach freilich erweisen sie sich als Eklektiker, selbst Homer und Caesar finden Würdigung. Nicht allzu grosse Achtung vermögen ihnen — mit Ausnahme der Landfrieden — die Gesetze des Reiches einzuflöfsen, wie die Urtheile fremder Gerichtsherrn. Häufig werden indes von solchen ihre erschöpfenden Gutachten

1*

erbolt; zumal Weifsenburg und Ulm gehen in dieser Hinsicht bei Nürnberg zu Haupte.

Schrill freilich dissoniert ein Lobeshymnus auf die Väter der Stadt mit den zahllosen von ihnen gefällten Bluturteilen; als Kinder ihrer Zeit doch betrachtet, dünken sie uns nicht schlimmer, ja vielfach besser sogar, als manch weltlicher oder geistlicher Herrscher an der Wende des Mittelalters.

Der Rat der letzten Epoche, in welcher der einst so berückende Glanz der Republik mehr und mehr verblafst und in der — auch was das kriminelle Gebiet anlangt — wenig Neuerungen, wenig Taten mehr erstehen, nicht mit gleichem Recht vermag er unsere Beachtung und Achtung herauszufordern.

A. Allgemeiner Teil.

I. Das Verbrechen.

1. Benennung und Einteilung.

Wenig Aufschlüsse hierüber erteilt das älteste Achtbuch. Gemäfs dem meist kurz gefassten Tenor der Acht- und Verbannungs-Einträge findet man neben der Angabe des Täters und der Höhe der Strafe fast stets nur den Gattungsnamen des die Verurteilung veranlassenden Verbrechens. Wie sich damals die Delikte nach ihrer Schwere sonderten, ist nicht weiter erkennbar; ohne Unterscheidungsmerkmale wechseln scelus, crimen, maleficium.[1])

Den zum Tod bestimmten Verbrecher finden wir als „schedlichen mentschen" in der ersten Halsgerichtsordnung. „Gebunden und geuangen" steht er vor dem Richter, die „clagere kommen nach sinen leibe." In der zweiten führt den „schedlichen man" der Löwe vor mit dem Begehren, über jenen zu richten. Hier heisst er aber auch der „Arme," womit von nun an der zum Tod Verurteilte mit Vorliebe bezeichnet wird.[2]) Nicht doch identisch mit ihm ist der „arme Mann"; seitens des Rates erringt dieser so zutreffende Ausdruck häufig Verwertung: „Arme Leute" nennt er vornehmlich die Untertanen der adeligen Gutsherrn (Eigenherrn) der Landschaft.[3])

---

[1]) Jeutha et Cunradus multis criminibus infamati, AB I, 9; Besela infamata de furto et aliis sceleribus, 8, Gvgellin scolaris incantacionibus et aliis criminibus infamatus, 10; Vogel occidetur sine alia sententia tamquam malefactor, 12.

[2]) s. Verfahren 245, (50), 536, (144), 538, (146); s. a. HGO III, 547, (155); das hinfüro die Armen menschen im loch den das Leben abgesagt württ, nicht So frie mit dem Sacrament sollen versehen werden, Rtb. IV, 108, 1485.

[3]) Stephan Hallerin vergundt ein ir armen frawen herein in das loch zu legen, St. H. vergöndt ettliche ire armlüte zu Straffen zu nemen Rtb. II, 31, 35, 1475; s. a. Lexer, I, 94.

Auch „verleymuter man" tritt aus den früheren Quellen hervor. Der „L̤eimut", in welchem er steht, ist aber derart, dass er „jhme an seinen Leib get", d. h. er ist der Verübung einer schweren Missetat beȧichtigt.[4])

Der „schȧdliche Mann" ändert übrigens mit der Zeit seinen Charakter. Bedeṳtet er anfangs einen Verbrecher an sich, so später lediglich einen gemeinschädlichen, gemeingefährlichen Gesellen. In der letzten Gerichtsord̊nung fahnden wir daher nach ihm vergebens; er ist hier durch den „Übeltäter" ersetzt.[5]) Immerhin erfreut sich „Beschädigen, Beschädigung" auch fürderhin vielfacher Anwendung bei Delikten, wie in „dieblicher, betrüglicher Beschädigung" (für Diebstahl und Betrug), Landsbeschädigung (f. Landfriedbruch), Beschädigung der Reichsstrassen (f. Wegelagerung).[6])

„Missetat" kennzeichnet, wie „Übeltat", frühzeitig das Kapital-verbrechen; dem Übeltäter analog tritt die „misstättige person" auf. Ich verweise ferner auf das „tat, getat, untat, unrat (tod-schlege, leme und mercklicher ander unrat) der PO. Auch „böse sache, böser handel, verliche verhandlung, geverlikait" lassen auf eine schwere Vergebung schliefsen.[7])

Erst spät wird „Verbrechen" in der heutigen ausschliefslichen Bedeutung gebraucht. In den PO. heifst Verbrecher, wer sich überhaupt gegen eine Vorschrift verfehlt. So soll der, welcher nachts „one ein sichtig prynent liecht auf der gassen get", als „übertretter u. verprecher" mit einem Pfund Heller büfsen.[8])

Endlich sei der „Misshandlung" gedacht. Gleichbedeutend mit Missetat ist sie besonders oft der Warnungsformel in den Urteilen seit dem 17. Jahrhundert eingefügt.[9])

---

4) do man die verlewmuten lewt ving; do der Byschot her kam von der verleymuten lewt wegen, StR. 1878, 49, 50, s. Verfahren 231, (36).

5) s. Schädliche Leute; Verfahren 547, (155).

6) Aug. koppen vmb diepphche beschedigung verurtellt mitt hohen zu tod, HGB I, 2, 1488; nachdem francklauben der landsbeschedigung nit in Laugnen ist er mit dem Schwert zu richten, 51; als beschediger des heilig Reichs strassen mit Daumenstocken begriffen, MS 581.

7) PO. 87, 44, 86; u. wo man ferllkait funde die thätter lassen einlegen, Rp. 1582, 1, 29.

8) PO. 55; Wo er sich derselben appellacion geprauchen werd, gegen ime als ainem vngehorsamen verprecher ze handeln, Rtb. IX, 393 StA.

9) Coll. Stadtbibl., 1649.

Hinsichtlich ihrer Klassifikation scheiden sich die Delikte in Malefiz- und Frevel-Sachen, von denen die erstern der höhern Jurisdiktion des Rates, die andern der Niedergerichtsbarkeit der Fünfherrn unterstehen. Jene gewärtigen Strafe an Leib und Leben oder Verbannung (bezw. dauerndes Gefängnis), diese werden hauptsächlich durch Geldbuße (kurze Haft und Verweisung) gesühnt. Doch sind keineswegs scharfe Grenzen gezogen. Anstatt „Malefiz" ist auch „Fraiß" gebräuchlich und hienach die Einteilung in „frayssig und frevele händel".[10])

2. Der verbrecherische Wille.

a. Zurechnungsfähigkeit.

α. Jugend.

Kindliches Alter des Delinquenten veranlaßt entweder Straflosigkeit oder dient wenigstens als Milderungsgrund. Dies ist indeß nur als allgemeine Norm aufzufassen, welche allzu oft Mißachtung erfährt. Feste Bestimmungen hinsichtlich des Beginns der Zurechnungsfähigkeit sind nirgends ausgesprochen; sehen wir ja auch im Verfahren keine scharfe Scheidung durchgeführt: Kinder werden gefoltert, Kinder als vollkräftige Zeugen vernommen.[1])

Dank dem berüchtigten Privileg von 1320 erwirkte der Rat die Befugnis, Bürger, wie deren Sprößlinge, sofern ihm dieselben ob ihrer Ungeratenheit besser tot als lebendig dünken, einzuthürmen oder in einen Sack zu stoßen und zu tot zu ertränken.[2]) Schreitet man zu solcher Rigorosität nur in den schwersten Fällen, so kennt

---

[10]) PO. 48; Reformation 1479, Tit. 7; So ainem der ain Malefitz gehanndelt glayt geben wirdet, das man wol nachuolgend peinlich zehandeln hab, Rtb. X, 876 StA.; MS. 958: Die interess. Specifikation Dr. Heldens hinsichtlich der Frevelfälle nach hoher und niederer Gerichtsbarkeit; bezgl. der sonstigen Bedeutung d. W. „Fraiß" s. Verfahren 264, (69); s. a. MS. 959; Historica 887.

[1]) Folter: s. Verf. 494, (102); neun Knaben im Lochgef. „versucht", StR. 1421, 29; Zeugen: s. Verf. 501, (109); die zwen kinder verhörn und sie beaidigen, Rp. 1583, 8, 4. Gem. N. Reformation, Tit. 8, G. 11 bilden achtzehn Jahre, nach Rtb. LII, 85 (1593) jedoch vierzehn Jahre die Voraussetzung zur Zeugschaft.

[2]) D. Priv. genau i. Verf. 280, (85); Hist. dipl. 1320.

man kein langes Zaudern, wenn es gilt, einem schlimm Beleumundeten den Stempel der Unverbesserlichkeit aufzuprägen und ihn der Fremde, dem Elend preiszugeben. Und hiebei erweckt Jugend selten Mitleid und Schonung.

Mit jungen Dieben zumal macht man wenig Federlesens. Muſs doch — angesichts der Häufigkeit der Begehung und öffentlichen Sühnung — bereits im Knaben das Bewuſstsein von der Verwerflichkeit dieses Delikts frühzeitig erwachen. Meist läſst man sie im Lochgefängnis oder coram publico vom Nachrichter züchtigen und weist sie aus der Stadt oder schlieſst sie — in späterer Zeit — in die Springer[3]). Ein Beckenjunge, welcher sich beim Plündern eines Almosenstocks in dessen kunstreichem Gehäuse fieng, geht der Ohren verlustig, ein andrer Einbrecher erhält nach Stäupung zehn Jahre Verbannung zuerkannt.[4])

Verkommen und Verderben ist das unausbleibliche Loos solch ausgewiesener Kinder; oft auch — sofern sie nicht Anschluſs an eine Verbrecherbande erringen — Gefangennahme und Richtung beim ersten Versuch, den Hunger zu stillen oder Unterkunft zu erzwingen. 1448 wird ein Taugenichts nach Ohrenabschneidung über die Donau verwiesen, bald darauf von einem Bauern beim Stehlen ertappt und als Rückfälliger aus Gnaden enthauptet[5]). Wir finden Zwölfjährige unter den Verjagten und Gestäupten; bei einem heiſst es freilich: „den hieb man nit aufs, was zu junk"[6]). Bei Betrug sind zehn Jahre vermerkt, bei Tätlichkeiten lebenslängliche Verweisung; ein Junge, der als Diebshelfer ein gestohlnes Roſs eine Strecke weit in den Wald reitet, wird „waidenlich" gestrichen[7]). Nicht selten haben Vater oder Mutter die Freude, die Züchtigung an ihrem wohlerzogenen Sprossen in Gegenwart

---

[3]) den buben im loch noch einmal mit rwten bawen, Rp. 1474, 5, 4; M. Franz Tagebuch; mit neun J. in die Springer (s. Freiheitsstr.) AB 1615—18, 281; 18 Diebsbuben verwiesen, Stark, 1575, i. ü. s. Diebstahl. Eine barb. Miſshandlung auch in Soden, Kriegs- und Sittengesch. N., 1, 425 (1625) verzeichnet.

[4]) Jäger, jur. Mag. f. Reichsst., 1, 833 (1360).

[5]) AB 1448, 5; ähnl. F. in Hegel, Städtechr. Nürnb., 4, 347; hie und da gebietet der Rat den Handwerkern, einen Gestraften in die Lehre zu nehmen, ob auch meist vergebens: „kein Meister wollte ihm mehr trauen und der Junge verkam, man weiſs nicht wohin," Soden a. a. O., 1, 425.

[6]) Hegel, 5, 657.

[7]) Haderb. I, 1508—16, 167.

des Nachrichters oder der Lochschöffen vollziehen zu müssen;
zuweilen werden Schüler — eventuell unter gleichzeitiger Verfügung der Ausweisung — dem Lehrer zur Bestrafung überantwortet. Behufs deren übergibt man Kinder auch der „Freundschaft".[8])

1377 ergeht das Gebot, ein Gefängnis für einen diebischen
Jungen einzurichten, was auf längere Unschädlichmachung, wenn
auch nicht gerade Einmauerung hindeutet. In der Folge werden
indefs häufig ungeratne Bürgerskinder, womöglich auf Ansuchen
der Eltern, für immer eingeschlossen.[9])

Wenn die Karolina — analog dem Schwabenspiegel — Diebe
unter vierzehn Jahren nicht getötet wissen will, dabei aber dieses
Zugeständnis wieder dadurch illusorisch macht, dafs sie die Richtung
zuläfst, sofern der Delinquent grofs und gefährlich ist, die Bosheit
also das Alter zu erfüllen vermag, so mufste dies bedenkliche
Härten nach sich ziehen. So wurden nun des Öftern junge
Burschen — als gefährlich — aufgeknüpft, welche dem alten
Prinzip gemäfs höchstens ausgewiesen worden wären; neunjährige
schleppten die Springerkugel.[10]) Einer besonders henkersmäfsigen
Behandlung erfreuten sich unter der Regierung des Nachrichters
Meister Franz (1575) fünf Diebsgesellen von 9—11 Jahren, indem
sie vorerst zweimal in den Pranger gestellt und im Lochgefängnis
mit Ruten gestrichen, sodann mit einem ältern zusammengekoppelt
zum Hochgericht geführt wurden. Dortselbst hieng man jenen
auf und zwang die folgenden, die Leiter zu besteigen. Nun baten
sie die Priester frei (zum Schein, denn es war nur die Erregung
der höchsten Todesangst beabsichtigt), worauf ihnen Stadt und
Gebiet verboten ward.[11]) 1540 und 1547 enthauptete man zwei
Mörder — kaum dreizehnjährig — und flocht sie auf das Rad;
bei Beurteilung von Kindsmörderinnen erweckte nur ausnahmsweise ihre „unbesonnene Jugend" Beachtung.[12])

Studenten, Schüler und Handwerkslehrlinge verursachten dem

---

8) Rtb. V, 122; maidlin Iren freunden zustellen, das sie die strafen,
Rp. 1582, 1, 7.
9) StR. 1377, 68; Rtb. I, 229; Rtb. VI, 121 StA.
10) Schwsp. L. 177; Kar. CLXIV; s. Freiheitsstr.
11) Stark, 1575.
12) HGB. II, 117; RtB. XXIV, 266, 1549; AB 1604—11, 186.

ehrbaren Rat viel Ärger; meist zeigte er sich doch hier — wenigstens
in Bezug auf erstere — zur Nachsicht geneigt, wenn diese auch
nach seinem Ausspruch eine heillose Rotte, welche „Polizei und
gutes Wesen untergraben und dafür ein ganz Barbarisch Cyklopisch
schädlich wildes Wesen einführen" wollen.[13])

Hatte man es, was die Musensöhne anbetrifft, mit immerhin
einigermaſsen gesitteten Leuten zu tun, welche in ihrem Altdorf
die Ruhe der Hauptstadt nicht so sehr zu gefährden vermochten.
so rekrutierten sich die Stadtschüler zum Teil aus sehr frag-
würdigem, zuchtlosen Gelichter. Führte auch die Rute ein dra-
konisches Regiment, von einer Disziplin, wie heutzutage, konnte
keine Rede sein, ebenso wenig von einer Überwachung der Rangen
auſserhalb der Schule. Nächtlicher Unfug, Prügeln von Nacht-
wächtern zählten nicht zu Seltenheiten. 1609 erteilte man diesfalls den Tätern lediglich eine „sträfliche Rede": „Sollten sich
solcher gestalt weiter nit betretten lassen, do sie Schüler sein.
wollten sie aber keine sein, solten sie sich von hinnen hinweg
begeben."[14]) 1404 sperrte man mehreren auf ein Jahr das Thor
„daz sie dabei warn, da der schulmeister zu sant Egidien gewundet ward." Als noch bedenklicher charakterisiert sich (1500)
ein förmlicher Aufruhr in der Sebalder Schule, in Folge dessen
der Magister die bewaffnete Hermandad um Beistand anflehen
muſste.[15])

Wie Meister und Gesellen der verschiedenen Gewerke „Ge-
fechte" aufführten, so balgten sich auch die Lehrlinge oft in
wüstester Weise, so daſs der Rat den Stadtknechten die Ordre
gab, bei Rottierung und nächtlichem Rumor einen „Griff" zu tun
und die Rädelsführer in das Loch zu werfen. Als bei einem

---

[13]) Mand. 1627 u. 1713.

[14]) Sie hielten nämlich das Prügeln für erforderlich, da die Nachtwächter
sehr bezecht gewesen.

[15]) „da wolten sie nit kumen und sprachen er het vor etlicher zeit zu
in gesprochen, sie solten dieb am galgen regiern, er wolt sein schuler wol
regiern on sie." In seiner Bedrängnis forderte er andre im Namen des
Bürgermeisters auf, welche sodann das Haus mit blosen Schwertern stürmten.
„da wolten die schuler ains tails zu den venstern herab, aber die waganten
(bachanten, ältesten Schüler) stachen herab mit spieſsen und stangen die
statknecht von den steigleitern. da hieben sie die schultür auf mit gewalt
die weil da warn die schuler all herauſs," Hegel 5, 620. Würdig an die
Seite stellt sich der 1503 erwähnte Unfug, 5, 659.

„Gestech" der Rotschmieds- und Messerer-Buben einer fast tötlich durch einen Wurf getroffen ward, stimmten die Konsulenten dafür, dem Täter, sofern der Verletzte stürbe, die Faust abzuschlagen, andernfalls, da die Gegner den Streit veranlafsten, ihn für immer zu verweisen. Einer schlug auch vor, der Knabe solle dreimal vor der Kirche stehen, sodann den Nürnberger Meistern mehrere Jahre dienen und nur behufs Besuchs des Gottesdienstes das Haus verlassen.[16])

Sonst gilt mangels einer bestimmten Altersgrenze die äufsere Erscheinung häufig als Mafsstab. So heifst es bei einem rückfälligen Diebsjungen: wenn er „von gestalt eins sollichen ansehens das Er etwas mennlich personirt und nicht gar ein Bub noch sei, dafs m. Herrn gerechtigkeit ergeen" d. h. ihn hängen lassen sollen.[17]) Ein elfjähriges Mädchen stöfst ein noch jüngeres in das Wasser, so dafs es ertrinkt: Da es „an ihme selbs ein Pur Lautters zart Kind, sei desto bedachtsamer zue handeln." Man bringe es in das Siechhaus zur „unterhaltung und straff" und schlage es ohne Schaden des Leibs „zimblicher mafsen" mit Ruten. Trotzdem ordnet man ihm noch Wächter bei, um — der Karolina gemäfs — zu erkunden, „ob nicht etwa die Bofsheit das Alter supplire."[18]) Ein fast gleichaltriges Mädchen, das seine Stiefmutter bestohlen, wird 1603 der Tortur von zwei guten Schillingen — behufs Eruirung des Grades der Bosheit — unterworfen. Sodann rechnet man ihm, da es — sonst zu Hause zu strenge gehalten — freien Zutritt zum Gelde hatte, Haft und Marter als Sühne an und ledigt es nach Ableistung einer Urfehde.[19])

Bei Rutenstrafe werden Kinder später überhaupt nur zum Lochschilling verurteilt, da „der Jugend halb offenlich vfszustreichen vnglimpflich"; ebenso stellt man sie nicht in den Pranger, indem dies „bei dem gemeinen Pöffel mehr für ein spotth, dann straff würdte gehallten."[20])

So lange die Gattin dem Verbannten ausnahmslos in die Fremde folgen mufste, teilten auch die Kinder dies herbe Loos. Sie mitzunehmen, wurde bisweilen dem Ausgewiesnen ausdrücklich

---

[16]) Mand. 1592; Rtschlb. XLI, 187.
[17]) Rtschlb. XIV, 177.
[18]) Rtschlb. XLVI, 480.
[19]) Rtschlb. XLVI, 452.
[20]) Rtschlb. VII (1530), 80; s. u. 18.

geboten.[21]) Es schien solche Mafsnahme wohlbegründet; denn, sofern die Familie zurückblieb, konnte von einem Abbruch des Verkehrs mit der Heimat nicht gesprochen werden, abgesehen davon, dafs der Unterhalt den Bürgern anheimfiel. Mit der Zeit entsagte man freilich diesem drakonischen Prinzip.

Die Hinterbliebnen Gerichteter übergibt man hie und da der Findel und ernährt und erzieht sie auf Kosten der Kommune.[22]) Junge Wiedertäuferinnen rät man (1530) „in ansehung ihrer blodigkeit" auf den Thurm, zum Stadtknecht oder sonstwohin zu bringen „do sie arbeiten köndten und Leuth zu Inen komen möchten, die sie vnterwiesen."[23]) Selbst nach dem rigorosen Zigeunerpatent von 1720, gemäfs dem Erwachsene der Brand- markung oder Richtung empfohlen werden, sollen „Kinder unter achtzehn Jahren" im Christentum unterrichtet und zu einer Pro- fession „appliziert" werden[24]).

β. Geisteskrankheit.

Vordem waren die witzlosen, unvernünftigen Leute den Ge- fangenen beigesellt, wie tollwütige Hunde angekettet, der Willkür roher Wächter überlassen. Von einer Scheidung der heilbaren von den unrettbaren, der schwermütigen von den tobsüchtigen, von regelrechter ärztlicher Pflege findet sich keinerlei Nachweis; auch der nur in geringem Grade geistig Getrübte mufste — zusammen- gepfercht mit unglücklichen Leidensgenossen — der Wahnsinns- nacht bald für immer verfallen. Jedem Ratsherrn konnte ein ähnliches Schicksal beschieden sein; trotzdem erhob sich keine Stimme zur Beseitigung solcher Mifsstände. Es entsprach dies dem Fatalismus jener Zeit: Was sollte man für ein nutzlos Glied der menschlichen Gesellschaft noch Mühe und Kosten vergeuden!

Besafs der Narr eine Freundschaft, so war sie allerdings zu dessen Unterhalt verpflichtet. Da sich jedoch die Obrigkeit ohne spezielle Klage zu keiner weitern Kontrolle veranlafst sah, so mochte des Armen Loos mitunter wenig beneidenswert sein.[1])

---

[21]) s. Stadtverweisung.

[22]) der Malerin verlassende Kinder auff Ir bitlich anlangen In die findel nemen und sy d. m. defshalb trösten, Rtb. XXV, 150.

[23]) Rtschlb. Sim. Clüver, 889.

[24]) S. 1, L. 539, Nr. 40.

[1]) von dem narren auszuslahen und zu füren, daz mans seinen freunden

Von angesehenen Bürgern erfährt man, daß sie, sofern sie vernunftlose Angehörige nicht in ihrer nächsten Umgebung dulden wollten, unweit ihrer Behausung ein eignes Gemach errichteten; außerdem wurde — wie auch bei bösen Weibern — vom Rat kurzweg die Genehmigung erteilt, sie an die Kette zu legen. Andre vor ihren Insulten zu schirmen, bildete das vornehmste Motiv der Fürsorge für sie.[2])

Fremde Narren schaffte man zum Thore hinaus, oft unter Rutenstreichen, um ihnen die Rückkehr zu verleiden. War letztere trotzdem zu besorgen, so schleppte man sie womöglich bis zur Donau, setzte sie auf ein Boot und ließ es — stromabwärts treiben.[3])

Wie der sinnlose Verbrecher nie der Richtung anheimfiel, so strafte man ihn ebenso wenig an Haut und Haar, höchstens um ihm einen „Denkzettel" zu erteilen. Totschläger z. B. wurden also — abgesehen von einem sehr zweifelhaften Ratschlag der Konsulenten — nur behufs Sicherstellung vor ihnen eingemauert.[4]) Buße erhob man wohl nie; doch haftete die Sippe für Ersatz, eventuell für das volle Wergeld. Bei Freilassung verzichtete man auf die Ableistung der Urfehde. Bezüglich solcher, welche erst nach oder in Folge der Tat umnachtet wurden, war die Anschauung schwankend. 1519 erst liest man die strikte Weisung, daß während der Geistesgestörtheit keine Sühne platz greifen dürfe.[5])

Mangels einer zielbewußten ärztlichen Diagnose, wie eines untrüglichen Kriteriums, welches den Kranken vom Simulanten

---

gen flirt verkundt, StR. 1877, 68; G. außer fengknus lassen und seiner freuntschaft haimgeben, Rp. 1582, 7, 2.

[2]) Welb 17 Jahr an der Kette, Rtschlb. VII, 173; den ungesch. M. vff seiner muter kosten in gef. enthalten, Rp. 1582, 12, 18; Rtb. Ib, 1445.

[3]) gein Newnkirchen flire, Rp. 1475, 7, 18; Rp. 1476, 6, 14; JR. 1881, 86; Else ewiclichen, wann sie ein vnsinnige fraw, AB 817, 8 (1404); Arnoltin außer fengknus lassen und bis gen Regenspurg flüren und auff ein schift setzen, Rp. 1582, 12, 14; den Torichten gein R. zeschicken und zuuersuochen In auff die Tunaw zu bringen, Rp. 1478, 8, 6.

[4]) Rtschlb. Sim. Clüv., 220; So legen die Recht dem Synnlosen Menschen wie Vbel er handel kein ander straff auf, dann das er in guter Verwahrung gehalten soll werden, damit er weiter kein schaden thue und sey also der vnsinnig durch sein unsinnigkeit gestrafft genug, 857; civilis actio der Sippe des Getöteten, Rtschlb. VI, 227 (1529); sein Leben lang vermaurt oder sonst verwart auff der freuntschafft costen, Haderb. I, 1516—27, 280.

[5]) Rtschlb. VI, 227; Rtschlb. II, 1519.

schied, sieht man Konsulenten und Rat oft von wenig erquicklichen
Zweifeln befangen; die Sippe sucht, um den Armen zu retten, ihn
als möglichst wahnwitzig hinzustellen, während der Kläger sich
abmüht, den Gegenbeweis zu erbringen. Geltend gemachte Sinnes-
beraubung bei Verübung des Verbrechens wird vom Rat fast
niemals beachtet. So erwidert er hinsichtlich einer Kindsmörderin
„dafs eine Aufregung bei und nach der Tat nicht als eine mildere
Verrücktheit angesehen werden dürfe, und gemeiniglich geht selbst
zerrüttung nit so gehling daher, noch wider dahin, dals aber der
böse Feind bei ihr gewirkt habe".[6]) Von Interesse ist bei diesem
Fall, dals zu einer Zeit, wo die Kindestötung an Strafwürdigkeit
dem Parricidium gleichgestellt war, ein einfältiger Laie die bei
dem Geburtsakt obwaltende Erregung als Milderungsgrund berücksichtigt wissen wollte.

Der „böse Feind" figuriert übrigens gar oft als Sündenbock
in den Entschuldigungen der Inquisiten; nicht selten tritt er auch
in den Fieberträumen der Gefangenen auf.[7])

Sinnlose Selbstmörder werden kirchlich beerdigt, nicht aber
„verzweifelte Personen". Die Zurechnungslosigkeit wird stets sorg-
fältiger Prüfung unterzogen.[8]) Wer Witzlose zum Zorn, ja selbst
zu Flüchen reizt, soll „nach Gestalt seines Verbrechens" gestraft
werden. Aufserdem verurteilt man ihn zum Schadensersatz an den
Verletzten. Auch sonst erfahren Delikte an Vernunftlosen scharfe
Ahndung.[9])

γ. Manie.

Diese wird früher zumeist gar nicht beachtet; Kleptomanen
— unter ihnen ein Geschlechter — werden ausnahmsweise zur
mildern, ehrlichen Schwertstrafe begnadigt.[1]) Aufserdem ist mancher
der für Lebenszeit eingekerkerten mifsratenen Patrizier- und
Bürgersöhne aus diesem Anlafs unschädlich gemacht worden. Eine,
von der man Brandstiftung befürchtet, schafft man als gemeingefährlich aus der Stadt. Der Chronist Stark berichtet (1612)

---

[6]) Rtschlb. XLI, 106.
[7]) AB 1604—11, 20; Hans Unfugs Urgicht,: „und etwouil bösen gaist
vmb lne Swermend und humbsent gesehen", 1494, S. 1, L. 8, N. 27.
[8]) s. Kirchenstrafen; s. a. S. 11, L. 85, Nr. 4.
[9]) Mand. 1568; s. Sittlichkeitsdel.
[1]) Mfzb. 1517 u. 1561; M. Franz Tageb., 1615.

über ein Mädchen, das von einer dämonischen Lust zum Stehlen ergriffen ist. Man legt dasselbe nach einer Unzahl Entwendungen in die Eisen, dann in das Loch. Und weil dasselbe zum Richten noch zu jung, wird dem Vater befohlen, es zu Hause an die Kette zu schliefsen und zum Spinnen anzuhalten. Mit Hilfe der Stiefmutter der Banden ledig, verfällt es sofort wieder in das alte Laster. So wird es denn schliefslich zu ewiger Gefangenschaft auf den Fröschthurm gebracht und dortselbst anfangs auf Rechnung des Vaters, später durch halbe Thurmatzung verköstigt „darumb dasselbe mägdlein den tag vmb fünf pfennig mit guten zähnen vbel essen muessen".[2]) Daneben stöfst man beim Durchlaufen der Urgichten der Gefangenen auf mehrere, welche unter diese Gattung einzureihen wären. Ich erinnere an eine Frau, welche mehr als zehnmal verhaftet und gezüchtigt, sodann der Ohren beraubt, gebrandmarkt, der Stadt beim Ertränken und anderer Drohung verwiesen wird, bis endlich die Konsulenten die Wiederaufgegriffene der Milde des Rates empfehlen und — behufs Sicherstellung anderer — einfache Verwahrung anraten[3]). Ja, zuweilen erbittet sich ein „auf den Hals" Gefangener, sich keiner Besserungsfähigkeit mehr bewufst: „dieweil er nunmehr also in der bösen gesellschaft und dem stelen erstarckt, das er nit mehr daruon lassen kann" selbst die Todesstrafe[4]).

δ. Irrtum und Zwang.

Schon nach den ä. PO. bedarf es bei verschiednen Handlungen, um ihre Strafbarkeit zu begründen, des Nachweises, dafs sie der Bezichtigte „mit gewizzen" verübt hat. So kann man wegen Hausens und Hofens von Geächteten, Verbannten und Verbrechern überhaupt nur belangt werden, sofern man sich des Charakters des Bittenden bei der Aufnahme bewufst war. Gleicherweise ist es Voraussetzung der Heblerei, dafs der Erwerber aus den das Angebot begleitenden Umständen den zweifelhaften Ursprung der Sache mutmafsen mufste. Aufserdem wird unwissentlich sehr oft für identisch mit ungeidlich d. h. unabsichtlich gebraucht.[1])

Unkenntnis des Gesetzes schützt vor Strafe bei bestimmten, vornehmlich polizeilichen Geboten und Verboten, wenn sich ein

---

[2]) Stark, 1612.
[3]) Rtschlb. VII, 218 u. 285.
[4]) AB 1588—98, 57; s. a. M. Franz Tageb., 1618.
[1]) s. Fahrlässigkeit.

Fremder, dem man die Vertrautheit hiemit nicht zumuten kann, gegen dieselben verging. Behufs Erinnerung jener Tatsache mag zuweilen der Eid auferlegt werden. Solche Milde waltet übrigens ausnahmsweise auch Einheimischen gegenüber.

Die Grenzen der „Muntat" werden auf das Genaueste festgestellt und verkündet, damit sich kein Frevler hinter der Nichtkenntnis des Umfangs dieses Bezirks verschanzen könne. Zu gleichem Zweck verkündet man viele Gebote des Rats in solenner Weise dem Volk durch Verlesung vom Rathaussöller oder von der Kanzel herab.[2]

Bei wirklichen Verbrechen ist selbstverständlich solch Einwand ohne Bedeutung. So wird ein junger Sodomit aus der Landschaft verbrannt, wiewohl er offensichtlich von der Strafwürdigkeit seines Handelns keine Ahnung besafs; Friedbrecher macht man „kopfs länger", obschon sie sich — kurz nach Erlafs des ewigen Landfriedens — auf ihr Fehderecht steifen.[3]

Bei Wiedertäufern wirkt der Irrtum, dafs ihre Glaubenslehre als die allein richtige sie nicht zu Ketzern stempeln könne, strafmildernd für sie. Zigeunern gegenüber huldigt man einer weniger humanen Gesinnungsweise. Diejenigen, heifst es 1710, welche sich mit glaubwürdiger Unkenntnis des den Eintritt in das N. Gebiet untersagenden Poenalmandats zu entschuldigen vermeinen, sollen durch strenge Tortur examiniert und, falls ihnen hiedurch auch kein Bekenntnis eines Verbrechens zu entlocken, mit empfindlichen Rutenstreichen gestraft, ohne Unterschied des Geschlechts mit dem Galgen auf den Rücken gebrandmarkt und nach Urfehde unter Androhung des Stranges des Landes verwiesen werden.[4]

Rat und Schöffen eines unrichtigen Urteils zu bezichtigen, trotzdem dafs sie es „auf ir aide" gefällt, ist strenge verpönt. Sie dünken sich über jeden Irrtum erhaben; nur ausnahmsweise, d. h. auf ihre ausdrückliche Erlaubnis hin, darf gegen ihre Entscheidung appelliert werden[5].

[2]) PO. 50; das Gesetz oder Wandelbuch Soll man bey St. Sebald und vber acht Tag hernach bey St. Laurentzen altem gebrauch und herkommen nach in der Kirchen verlesen lassen, Rtb. LI, 19, 1592.

[3]) s. Sodomie und Landfriedbr.

[4]) Rtschlb. Slm. Clüv., 788; S. 1, L. 569, Nr. 40.

[5]) PO. 8; Wo er sich der Appellacion geprauchen werd, sin rat nicht vndterlassen gegen Ime als vngehorsamen verprecher ze handeln, Rtb. IX, 268.

Da gemäfs der Objektivität des früheren Rechts mehr auf den
Erfolg der Tat, als auf die Willensrichtung des Täters gesehen
wurde, so konnte hinsichtlich der andern Unterarten des Irrtums
erst später eine theoretisch durchgebildete, humanere Anschauung
zur Entstehung gelangen. Anläfslich einer aberratio ictus — der
Nachrichter warf zweimal nach seinem Weib mit dem Messer und
traf eine danebenstehende Frau fast tötlich — meinen die Konsulenten (1550): „Der Fall ist etwas disputirlich, dieweil er nit
fürsetzlich beschehen und dem vnschuldigen weib nit vermeint
worden". Immerhin solle der Täter nur dann. wenn die Verwundete
gerettet wird, von peinlicher Strafe ledig gesprochen werden.[6])
1584 findet sich sodann der bedenkliche Grundsatz: „Wenn einer
den Entleibten nicht gekannt oder jemals vorher gesehen, so kann
kein animus occidendi und also auch kein vorsätzlicher Totschlag
(bezw. Mord) vorliegen". Einer, der ein Pferd durch einen Wurf
zu treffen gedachte, jedoch den Reiter derart verletzte, dafs er
hiedurch und den darauf folgenden Sturz getötet wurde, mufste
nur auf einige Zeit die Stadt verlassen. Aufserdem sprach man
der Sippe des Entleibten eine civilis actio zu. Von seiten des
Rates und Richters wurde bei solchen Vorfällen weder Bufse noch
Gewedde beansprucht.[7])

Dafs derjenige, welcher durch Zwang zu einem Verbrechen
veranlafst wurde, ohne Ahndung blieb, ist aus den Quellen nicht
ersichtlich. Hie und da wird es Frauen allerdings zu Gunsten an-
gerechnet, dafs sie auf Befehl des Gatten handelten. Solche, die
ihre Kinder zum Stehlen erziehen und zwingen, gewärtigen Rutenstrafe, die Verleiteten werden indessen nicht schonungsvoller behandelt.[8])

ε. Zufall.

Für „Unglück und Ungefähr" haftet an sich Niemand; immerhin ist es mitunter für den Täter rätlich, durch schleunige Flucht
etwaigem Mifsverständnis vorzubeugen. So heifst es 1453: man
schofs mit eiben auf der Schütt, da lief ein kind unter die schufs,
dem schofs einer die keln ab, und was im gar leit; er kam davon
gen Rot in die Freiung". Ähnliches beabsichtigte wohl der Schütze,
der 1485 einer neugierig in den Schiefsgraben hinunterlugenden
Jungfer in den Hals traf. Der Bürgermeister liefs ihm jedoch

---

[6]) Rtschlb. XIV, 187.   [7]) Rtschlb. LXI, 369; 92.   [8]) s. Anstiftung.

sagen: „er dorft nit fliehen: schiefsen, rennen, stechen und stain-
werfen wern freie ritterspiel".[1])

Es kommt hier also die Frage nach einer eventuellen Fahr-
lässigkeit gar nicht zum Aufwurf. Gleicherweise ruft man einen
Dachdecker, der seinen Bruder aus Ungefähr — da ihm der
Hammer aus der Hand fuhr — tötete, wieder zurück: „man wolle
es auf sein gewissen setzen, sein entleybten bruder zepüssen".[2])
Noch ein — dem bei aberratio ictus hervorgehobenen — sehr
ähnliches Beispiel: Ein Reiter fällt in Folge eines unabsichtlichen
Wurfs vom Pferd und zerschmettert sich beim Aufschlagen auf die
Strafse die Hirnschale. Es wird hier weder auf Strafe noch auf
Schadensersatz an die Familie des Getöteten erkannt.[3])

Was die Haftung für die Verschlimmerung einer an sich nicht
gefährlichen Wunde anbetrifft — sei jene durch unvorsichtiges Verhalten des Verletzten oder Ungeschick des Arztes hervorgerufen —,
so wird der Verursacher der Verwundung erst nach späterer Praxis
hievon ledig gesprochen.

Sonst bekunden die hier einschlägigen Stellen, dafs die Grenze
zwischen Zufall und Fahrlässigkeit keineswegs scharf gezogen ist.

b. Die rechtswidrige Absicht.

α. Absicht und Vorsatz.

Bereits in den ältesten Nürnberger Ordnungen findet es hinsichtlich der in ihnen normierten, den Bestand und die Sicherheit
der Kommune gefährdenden Handlungen vielfach Hervorhebung,
dafs das Bewufstsein der Rechtswidrigkeit, wie die Absichtlichkeit
oder Mutwilligkeit der Begehung die Voraussetzungen zur Begründung
der Strafbarkeit bilden. Freilich entbehren die den Grad der
Willensbestimmung charakterisierenden Bezeichnungen noch der
richtigen Präzision. Während man in den früheren Satzungen das
„fürsätzlich" noch nicht verwertet sieht, suchen sie die Absichtlichkeit durch verschiedne, mehr oder minder glücklich gewählte
Epitheta oder durch eine Häufung von solchen anzudeuten.

Dem lat. temere dürfte das oft verwendete „frevelich" (fräuelich, frefleich, freuenlich) entsprechen. Um wegen „Heimsuche"

---

[1] Hegel, Städtechr. 4, 206: 375.   [2] Rtb. XII, 288.
[3] Rtschlb. XLVII, 133.

straffällig zu werden, genügt nicht das Eintreten in die Wohnung des Widersachers an sich; nur „wer den andern heimsucht frevelich, sein teur aufstozet frevelich", verwundet ihm das Haus. Ferner ist von frevelichen Gotteslästerungen die Rede, von frevelicher Mifsachtung der Gesetze und Widersetzung hinsichtlich der Leistung der Besserung (Bufse). Nicht selten trifft man es bei Injurien; so, wenn einer dem Gegner böse frävele Worte bietet (ihn fr. lugstrafet) oder mifshandelt mit Worten frevelich, wie den Rat beim Kaiser fräuelich verunglimpft und versagt. Ein Hochverräter sühnt seine „fräueliche Mifshandlung" mit dem Tode. Mit „Frevel" endlich bezeichnet man vornehmlich die verschiednen Friedbruchs-reate, später die geringern Vergehungen überhaupt.[1])

Noch häufiger tritt das „verlich" (verleich, geuerlich) auf, wie in: verlich gehn auf der Strafse, Messertragen verlich oder verborgen, anlaufen mit verlicher zerwürfnisse, dazulaufen verlich zu einer samenung, den helfer machen verleich. Der Brotherr hat das vom Rat verkündete Friedgebot dem heimkehrenden Befehder mitzuteilen; „verzogt er daz verlich", so hat er, wie jener im Fall des Ungehorsams, die Totschlagsbufse zu erlegen. In den ältern Verordnungen ist es zudem ein stereotyper Schlufs, dafs der Rat „mochte sich jemand so geverlich halten" (d. h. gefährlicher, als in der vorhergehenden Satzung angenommen), ihn an Leib, Leben, Gliedern und Gut nach Gestalt der Tat zu ahnden verspricht. Man trifft ferner Vorkehrungen wider das gefährliche „Stellen nach Bürgerstöchtern", das „hellieglich und gefarlicher weyse Abheyraten", das gefährliche Umgehen bei Nacht und dgl. mehr.[2])

Das „zu, mit Geuerde" identifiziert sich entweder mit „verlich", wie in: „daz er einem ze geuerde beisteht," oder mit dem spätern „arglistiglich". Gegen den Verfertiger künstlicher Edelsteine soll peinlich vorgegangen werden, „wo sich seinethalben einicherley betrigung oder geuerde darinne erfunde."[3])

---

[1] PO. 32, 35, 37, 44, 48, 50; da böse frävele wort gebotten, nicht vfs sorgen, Rtb. V, 235, 1490 StA.; Rtb. IV, 187, 1485 StA.; w. freveln mutwilligen todtschlags enthauptet, AB 1448, 23; fr. Mifshandlung, S. VII L. 125 Nr. 297a; PO. 1548.

[2] PO. 31, 32, 33, 34, 35, 38, 39, 40, 44; Rücklieferung ins Asyl verweigert, da vehrlichen sachen teilhaftig, Rtb. XII, 446, 1524, StA.

[3] PO. 32 etc., 140.

Auch „heimlich" sei neben dem bereits genannten „verborgen" erwähnt. Trägt einer „verbotten swert haimliche", so haftet er in gleicher Weise, wie der, welcher es „verlich auf jemanes schaden" bei sich führt.[4])

„Mutwillig" deckt sich meist mit übermütig; hie und da kommt es indefs dem frevelich gleich. Einer wirft einen Reiter mit einer Schrothacke zu tot: Jedenfalls mutwillig, heifst es, da er es so lange (in der Tortur) geleugnet. Ein Fälscher erfährt mildere Beurteilung, weil er die angefertigten Pfennige nicht in fürsätzlichem Betrug, sondern nur aus „üppigkeit und sondern frechen mut" in den Verkehr brachte.[5])

Auch „freissam, freidig" in der Bedeutung von verwegen, kühn ist hier zu nennen.[6])

„Mit wizzen, mit gewissen, wissenlich." Verbot ist, einem Bewaffneten mit wizzen Wein zu geben. Geächtete und Verbannte wizzenlich zu hausen und zu hofen, wissentlich Geraubtes zu erhandeln. Als offenkundig findet es sich z. B. in „wissentlich vnlaugenbarer Morder".[7])

Der Ausdruck „Vorsatz" hat in den ältesten N. Quellen keine Stelle. Das hie und da gebrauchte „mit verdahtem, mit bedahtem mute": swelb burger den andern mit verdahtem mute mit dehainer slahte wer jagt — läfst nicht ohne weiteres auf dolus praemeditatus schliefsen.[8])

Doch ist hier eines, dem uorsate des Lübischen Rechts analogen selbständigen Vergehens, des „Verhütens" zu gedenken. In Cod. I, Art. 91 d. L. R. heifst es: Uorsate probari potest, ubicumque aliqois alii insidiatur in platea. Das insidiari kennzeichnet demnach den Vorsatz; der Nachweis des erstern genügt, um den Widersacher mit Erfolg eines bösartigen Vorhabens bezichtigen zu können.[9])

In den N. PO. nun stofsen wir auf folgende Bestimmungen:

---

4) PO. 38, 40; von dez knaben wegen, der heimlichen deruort, JR. 1881, 32.

5) PO. 38: Rtschlb. XIII, 103; XVII, 70: sich so geverlich und verachtlich halten, PO. 44.

6) Haderb. II, 33; Rtschlb. IX, 282; gantz kün, freydig, frich und frech, H. Sachs, Keller XX, 289.

7) PO. 88: kuntleich 32, 37, offenleich 38.

8) PO. 31, s. jedoch 32, 35.   9) John, StR. in Nordd., 71.

Wer in der Muntat „verdechtlich und frevelich verhütet und doch
nit hand an ine leget", büfst der Stadt, dem Richter, wie dem
Kläger mit je 100 Pfund; falls er jedoch aufserdem noch durch
Raufen, Schlagen und dgl. den Gegner verletzt, so soll er „die
gemelten peene des verhütens und darzu den begangen frevel mit
vierfeltiger pene ze wandlen schuldig sein." Wer ferner in der
Muntat unverhütet Wehre zuckt, erlegt der Stadt, dem Richter und
Kläger je 20 Pfund, erfolgt es aber „in verdechtlichem verhüten"
so tritt auch die Sühne des letztern hinzu. Bedeutend gelinder
ist endlich die Strafe, wenn es aufserhalb des gefeiten Bezirkes
der Muntat betätigt wird.[10])

Nicht das Verhüten an sich, das Aufpassen, ist hinreichend
zur Strafwürdigkeit, es mufs verdechtlich, d. h. ein tatsächliches
insidiari sein, es mufs — wie es in einigen Strafeinträgen heifst —
der Beschuldigte „mit verdahtem mute gehut" haben.[11]) Aus so
feindseligem, hinterlistigem Gebahren leuchtet eine offensichtliche
Schädigungs- und Mordlust hervor und deshalb wähnt man es mit
solch exorbitanter Bufse belegen zu müssen. Das Verhüten ist
dabei ein sehr dehnbarer Begriff in der Hand willkürlicher Richter;
wie leicht wird zumal ein Bürger Glauben finden, wenn er einen
mifsliebigen Gast dieses Frevels zeiht. Freilich, heifst es, solle
er nur Ahndung erfahren, wenn er bekenntlich oder sich „des mit
seinem rechten nit benemen mochte"; aber wir wissen aus andern
Satzungen, dafs es wieder durchaus vom Willen des Rates abhängt,
ob er bei Leistung des Reinigungseides diesem Schwur Vertrauen
schenken mag oder nicht, so dafs hierbei immerhin die Verweisung
aus Stadt und Gebiet zu riskieren ist.[12])

Die Anschauung mancher, wonach Vorsate nur bei Körper-
verletzungen und wenigen andern analogen Delikten als er-
schwerender Umstand Berücksichtigung erfährt, trifft für das Verhüten nicht zu. Die Bufse wird lediglich wegen des Nachstellens
auferlegt; was der Auflauernde im Schilde führt, — Mord, Beraubung,
Ehrverletzung, Gefangennahme. Entführung (Stellen nach Bürgerstöchtern) — kommt weiter nicht in Betracht.

Nur bei den Tötungsdelikten tritt aufserdem die Beachtung
des Vorsatzes in prägnanter Weise hervor, weshalb es erforderlich

---

[10] PO. 47, 49, 50: „verhüten" s. Lexer. I, 1375.   [11] JR. 1881, 29.
[12] PO. 37.

scheint, die einzelnen Entwicklungsphasen des Totschlagsbegriffes selbst kurz ins Auge zu fassen.

Blicken wir in die Zeit der I. HGO.: Heimlichkeit der Verübung, Verwerflichkeit des Beweggrundes kennzeichnen den Mord, alle andern Tötungsarten einen sich unter dem Totschlagsbegriff. Fehlen die Mordmerkmale, so wird die Tötung, sei sie nun in aufbrausendem Zorn, sei sie mit kalter Berechnung betätigt, als gleichwertig qualifiziert.

Zwei markante Fälle aus dem Bereich der Fehde sind hier bemerkenswert: Die Fehde ist angekündigt. Nach mondelangem Erlauern einer günstigen Gelegenheit glückt es dem einen, den Gegner zu überfallen und ihn, der zu keiner Verteidigung fähig, zu Boden zu schlagen. Er läfst den Leichnam am Ort der Tat und flüchtet vor der Sippe des Getöteten. — Die Fehde ist durch Friedgebot und Friedschwur beigelegt. Zufällig begegnen sich die frühern Feinde. Ohne tiefern Anlafs erwacht in dem einen der alte Groll: Er sticht den andern plötzlich vor allem Volke nieder.

Das erste ist „ehrlicher" Totschlag, das zweite Mord. Von Heimlichkeit, wie Verächtlichkeit des Motivs darf bei ersterem Beispiel nicht gesprochen werden. Der Gegner war durch Ansagung der Fehde hinreichend gewarnt, die Tötung nur Befriedigung des Rachegefühls und frei von schnödem Eigennutz. Im andern Fall dagegen mufste sich der versöhnte Feind infolge Friedschwurs vor jeglicher Gewalttat gefeit wähnen. Der Treubruch qualifiziert die Tötung zum Mord.[13])

Im Deutschordensprivileg von 1350 ist nun von öffentlichem und heimlichem Mord die Rede und ihnen der Totschlag in jähem Zorn, in Trunkenheit und gelegentlich eines Auflaufs gegenübergestellt. Dem Totschläger i. l. S., d. h. dessen Tat durch eine vorhergehende Erregung beschönigt zu werden vermag, ist Asylrecht zugesichert, nicht so dem öffentlichen und heimlichen Mörder. Angesichts der Tatsache, dafs „Mord" in den ältern Quellen willkürlich für die verschiedenen, vornehmlich todeswürdigen Tötungsarten Anwendung findet, dürfte wohl der öffentliche Mörder mit dem vorsätzlichen Totschläger zu identifizieren sein. Die Unterscheidungsmerkmale zwischen Mord und Totschlag erweisen sich also noch als die nämlichen, nur der letztere spaltet sich in zwei

---

[13]) s. Fehde, Totschl. und Mord.

Unterarten, in die Tötung im Affekt und den öffentlichen Totschlag.[14]) War es bisher bedeutungslos, ob den Täter die Tötungsabsicht vor dem verhängnisvollen Schlage beseelte, ob er ihn mit
kalter Berechnung geplant oder sich nur beeinflußt durch über-
große Erregung zur Tätlichkeit hinreißen ließ, so setzt man jetzt
den offnen, d. h. vorsätzlichen Totschlag in Kontrast zur Tötung
aus Motiven, welche die Aufnahme des Flüchtigen in die Freiung
rechtfertigen lassen. Der offne Totschläger verfällt dem Schwert.

Blickt man auf die andre Limitierung des Asylrechts durch
Friedrich III. (1480): „Wenn jemand Mord oder „gefährlichen
Totschlag beginge, soll ihn die Freiung nicht schirmen"[15]) — so ist
hier der gefährliche als identisch mit dem offenen, d. h. nicht im
Affekt verübten, Totschlag anzusehen.

In der Folge fungiert „gefährlich" neben freventlich, pöse,
mutwillig als Epitheton für alle nicht aus entschuldbaren Motiven
verursachten Tötungen. Daß solche aus Notwehr und berechtigter
Fehde unter letztere rubrizieren, ebenso die aus „Ungeschick und
Ungelück" bedarf wohl keiner Hervorhebung. Der Mord ist hie
und da als „mordlich fährlich" gekennzeichnet.[16])

„Fürsätzlich" tritt erst im 16. Jahrhundert bei Tötungen auf.
Analog der Rechtsanschauung der Bambergensis — wonach der
nicht durch Notwehr, Jähheit, Zorn oder sonstigen Anlaß be-
schönigte Ableib als Mord gilt — ist unter fürsätzlichem Totschlag
stets jener zu verstehen. So erklären die Konsulenten gelegentlich
einer Erschießung (1556), sie sei ein rechter qualifizierter assassinatus, kein simplex homicidium und nicht aus hitzigem, entzündeten
Gemüt oder ex primis motibus, sondern mit wohlbedachtem fürsätzlichen Willen beschehen.[17]) Ebenso wird die mutwillige Verwundung von der fürsätzlichen unterschieden.

Findet der Vorsatz hauptsächlich bei Tötungsverbrechen Hervor-

---

[14]) H. D. 1350; bezgl. der Anwendung von Mord für Tötung überhaupt,
s. a. Allfeld, 65.

[15]) H. D. 1480.

[16]) Mit der mehrern menge Raths und Schöpffen, daß das ein Mordlich
fährlicher Mordt sey, H. D. 1381.

[17]) Rtschlb. XIX, 29; wenn Entleibten nicht gekannt, kein an. occid.,
Rtschlb. LXI, 369; fürsätzliche Beschäd. doch ohne an. occid., Rtschlb. LXI,
95. Das „gech" (gecheyt) der Karolina viel bei H. Sachs: polrend und
gech, X, 399; gech-zorning hadern, XIX, 38; zu gfehrlich und zu gech,
XX, 160, gech, kühn, gedürst, XVI, 304.

hebung, so treffen wir statt des fürsätzlich bei andern Delikten
zuweilen ähnliche charakteristische Attribute. Ich erwähne nur
den böswichtigen Verräter und boshaften Brenner, den Weinbetrüger,
der in behender Listigkeit die Fälschung betätigt, den Verführer,
welcher arglistiglich in verporgen Schein den Bürgerstöchtern nach-
stellt, die Hexe, welche wegen ihrer zauberlistigen Verhandlung
peinlich befragt wird.[18])

Von Interesse sind die Merkmale, aus denen man den Vorsatz
präsumiert. So offenbart er sich ex qualitate armorum, d. h. wenn
der Täter mit einer ungewöhnlichen Waffe versehen war, deren
Handhabung auf besondere Mordlust schliefsen läfst, wie der,
welcher mit einer Büchse vor den Gegner tritt, oder einer, der
eine Frau, „die doch zu solch mordlicher were nicht geschickt,"
mit einem — Schweinsspiefs zu töten sucht.[19]) Ebenso vermutet
man Vorsatz, sofern der peinlich Befragte nach hartnäckigem
Leugnen die Tätlichkeit zugesteht, indessen unter der Behauptung,
er habe sie nur durch Ungeschick veranlafst. Ruft Trunkenheit
sonst Milderung hervor, so erklären die Hochgelehrten in einem
Fall den Vorsatz für erwiesen: Die Gattin setzte den „weinig"
heimkehrenden Mann zur Rede, „darauf sie ihm auf den Hals zu-
gelaufen und in die (vorgehaltene) wehr." Er sei fürsätzlicher
Mörder, da er die wehr nicht weggeworfen.[20])

Fast alle Verbrechen können nur vorsätzlich begangen werden,
so auch die Heimsuchung. Zum Tatbestand der Kindstötung genügt
grobe Fahrlässigkeit, die Vornahme schwerer Arbeiten vor der
Niederkunft, die Verwahrlosung (das Vertun) des Kindes.[21])

β. Fahrlässigkeit.

Bei der allzu grofsen Berücksichtigung des Erfolges wurden
ehedem Ungefährwerke wenig milder, als die vorsätzlichen beurteilt.
In der Periode, welcher unsre frühesten Quellen entsprungen,
ist dieser schroffe Standpunkt indessen bereits überwunden. Gerade
auf diesem Gebiete betätigt sich die Billigkeitsjustiz des Rates —
vornehmlich seit nach Einführung des Leumundsverfahrens die
sorgfältige Abwägung des Für und Wider in seiner Möglichkeit

---

18) Rtb. IV, 42, StA: X, 29, 1512, StA.
19) Rtschlb. XIV, 99, 1551; VII, 34, 1580.
20) Er wird trotzdem nur enthauptet, Rtschlb. XIV, 187, 1564; HGB. I, 144.
21) s. besondern Teil: Heims. in Aufregung und Zorn, Rtschlb. XLVI, 288.

ruht – in hervorragender Weise. Werden auch Wergeld und Bulse bei fahrlässiger Tötung und Verletzung beansprucht und nur die seitens der Stadt und des Richters bei Vorsatz erhobene Gebühr erlassen, so sieht man doch den Rat eifrig bestrebt, den Geschädigten oder dessen Sippe zur Annahme eines billigen Vergleichs zu bereden, ev. hiezu zu zwingen. Freilich greift vorerst bei Unvermögen, wenn nicht peinliche Sühne, so doch Verbannung platz, wozu man sich auch später noch mit Vorliebe entschliefst, teils der Ahndung wegen, teils, um den Unbedachten für wenige Jahre von seinen vielleicht nicht befriedigten und versöhnten Widersachern getrennt zu halten. Seit dem 15. Jahrhundert endlich dominiert die poena extraordinaria bei fahrlässiger Verschuldung; hinsichtlich der Strafausmessung wird meist die Vorsatzstrafe als Basis erkoren, im Ganzen hiebei sehr mild, oft auch — da nach Ansehen der Person — sehr willkürlich verfahren. Neben kurzer Verweisung liest man nur mäfsige Thurm- und Lochstrafe, Geldbufse, bei grober Fahrlässigkeit auch Züchtigung.

Wurde früher die Gröfse des Ungeschicks nicht weiter in Betracht gezogen, sondern der Einwand einfach geltend gemacht und ihm — wenigstens seitens des Bürgers — durch Einhandseid zum Siege verholfen, so suchte man späterhin, zumal als das Inzichtsverfahren für ungefährliche Tötungsarten eintrat, den Grad der Lässigkeit und des Leichtsinns mit ziemlicher Genauigkeit zu eruiren. In einem Fall von 1526 wird der Nachweis (des Vorsatzes bezw. der Fahrlässigkeit) nach Rat der Konsulenten alternativ dem Kläger und Täter auferlegt: Eine Bademagd brachte eine Frau im Zank durch Auslassen eines Schemels „schwerlich und schedlich" zum Sturz. Die Klägerin sollte hierauf den Nachweis erbringen, dafs die Magd den Schemel „aus mutwillen plotzling faren lassen hat", oder letztere schwören, dafs sie ihn „nit geuerlich oder der meynung, das sy die frawen zum fall fürdern wolt" aus der Hand gleiten liefs.[1])

Das Kulpose wird meist durch unfärlich, mutwillig, leichtfertig, ungeschickt, unverdacht, liederlich, ungeidlich bezeichnet.[2])

---

[1]) Rtschlb. V, 199.

[2]) mochte ein handel so ungeverlich oder liederlich gehandelt sein, ein rate oder die fünff herren wolten darein sehen, PO. 50; ungeidlich oft i. d. Bed. v. zufällig: Hensel, d. d. er dabey waz, daz in dem frawnhawse ein tur

Unbestraft bleibt einer, der gelegentlich eines Streites anderer einen der Raufenden tötete: „er hat nihtz mit im zeschicken gehabt, dann daz er schiedenthalben was zwischen sein und andern gesellen, daz er sie gerne von einander braht het". Zum Friedgebot war jeder Bürger berechtigt und verpflichtet und deshalb bei Ungehorsam der Streitenden für unbeabsichtigte Folgen seines Eingreifens nicht verantwortlich zu machen.[3])

Um noch wenige Beispiele anzuführen, so wurden Schmähungen gegen den Rat, sofern sie „ungeschickt" oder „aus unverdachtem mut" ausgestofsen waren, mit Rutenstrafe oder kurzer Verbannung gesühnt.[4]) Ersterer erfreute sich auch der Lochbüter des Öftern bei fahrlässig verschuldeter Gefangenenbefreiung. 1476 wurde auf Veranlassung der Münchner ein Brandstifter aus Gnaden enthauptet: „man dergraif in an einer dieberei und het ein liecht an ein stangen gesteckt und in ein stuben geleuht zu steln, das dreu zimer wider seinen willen abprunnen." Eine Frau, welche 1556 beim Ausgeben eines falschen Thalers ertappt wurde, jedoch sich entschuldigte, dafs sie nicht gewufst, dafs er falsch, und auch diejenige nicht näher kenne, welche ihn ihr gegeben, mufste feierlich angeloben, „wo Sy die berürt Maid alhie ansichtig würd", sofort deren Verhaftung zu veranlassen. Ein Knecht, welcher (1405) einen Knaben überfuhr, mufste ein Jahr die Stadt meiden, ebenso ein Gefangener weil er „einen laden von einem Turm darin er sazz liezz verlorn werden".[5])

Bezüglich der exorbitanten Bestrafung der fahrlässigen Kindstötung — unter einunddreifsig Kindsmörderinnen des 18. Jahrhunderts befinden sich vier Verwahrloserinnen — s. den besonderen Teil.

Zuweilen trifft man Vorsatz und Fahrlässigkeit bei einem Delikt vereinigt; 1697 wird ein vorsätzlicher und mutwilliger Fallit enthauptet.[6])

---

freuelich aufgestozzen warde, doch wenn er vngeidlich wz zeture hat (durch Reinigungseid), So möcht er wol hinflir ziehn, AB. 317, 84.

[3]) AB. 317, 9.

[4]) Rtb. VIII, 152; nach PO. v. 1548 heifst es jedoch: darin soll keinen. ob er weinig druncken oder sonst vngeschickt were, niohts flirtragen; s. Trunkenheit.

[5]) Hegel 4, 847; AB. 317, 14, 1405; Rp. 1556, 2, 15; Rtschlb. XLVII, 174.

[6]) S. II. L. 78, Nr. 5.

3. Der Versuch.

In frühester Zeit sehen wir den Versuchsbegriff noch nicht völlig entwickelt, jedoch eine Reihe von strafbaren Handlungen als vollendete Delikte behandelt, welche sich heute zumeist als Versuchsarten charakterisieren würden. Bezüglich der Höhe des Strafmaßes stehen sie dabei hinter jenen keineswegs zurück. Begründet ihre Ahndungswürdigkeit hie und da ein gemeingefährliches Gebahren an sich, wie z. B. das Tragen spitziger Messer „ane sache", oder des Schwertes durch solche, welche des Waffenrechts nicht teilhaftig sind, so ist doch in der Regel zu polizeilichem oder gerichtlichem Einschreiten beansprucht, dafs die gefährliche Handlung mit einer scharf erkennbaren Schädigungsabsicht in der Richtung gegen eine bestimmte Person hin vorgenommen worden ist. Gelangt dieser sträfliche Vorsatz zur sinnlichen Wahrnehmung, so tritt die hiefür genau normierte Bufse ein, welche bei Zahlungsunfähigkeit in eine peinliche Sühne überzugehen vermag; das Ansehen der Person, der Wert des Gutes, deren Verletzung beabsichtigt war, bilden kein strafbestimmendes Moment. Die Art des rechtsfeindlichen Benehmens ist das allein mafsgebende; ob der Täter z. B. dadurch, dafs er das Messer zückte, nur eine Drohung oder in der Folge einen Mord auszuführen gedachte, unterliegt keiner weitern Beweiserbebung oder beeinflufst wenigstens nicht das Strafmafs.

So ist auch das „verdechtliche Verhüten" genau betrachtet nichts anderes, als eine Versuchshandlung, die als selbständiges Delikt betrachtet und äufserst hoher Ahndung unterstellt ist. Das Tragen spitziger Messer veranlafst eine Bufse von 60 Pfennigen; geschah es jedoch „verlich anf jemans schaden", so erhöht sich jene anf zwei Pfund. Das Laufen mit verbotner Wehr zu einem „criege" (samenung, aaflauf) ist ferner anzuführen, das Verweilen in eines andern Korn oder Garten, das verräterische ostendere in bona civium, um die Feinde der Stadt zu deren Brandschatzung und Beraubung anzustacheln, das gefährliche Gehen bei Nacht „one sichtig prynent liecht".[1]

Ist das vollendete Verbrechen des Verführens von Bürgerstöchtern schwerer Sühne unterworfen, so erfreut sich auch schon das „fährliche Stellen nach andrer Leute Kind" gebührender Würdigung. Wir finden hier neben ewiger und langjähriger Ver-

---

[1] PO. 39, 22. 55; AB. l, 10.

weisung 1453 sogar Todesstrafe ausgesprochen. Dieselbe wird
bei erfolgreicher Verführung niemals verhängt.[2])

Noch mehrerer derartiger Handlungen wäre so zu gedenken,
welche wir als strafbaren Versuch qualifizieren würden oder nicht
einmal als solchen, damals jedoch als selbständige Vergehungen
geeignet waren, den Frevler als „schädlich" i. e. gemeingefährlich
zu kennzeichnen. Das „Betreten an verdechtlichen enden und
orten" rubriziert gleichfalls hierunter; um als Wegelagerer bezw.
„Beschädiger der heiligen Reichsstrafsen an wahrer Tat" für richtungs-
würdig erklärt zu werden, bedarf es lediglich der Voraussetzung,
dafs man mit „geuerlichen dingen" durch die Söldnerstreife auf-
gegriffen worden ist.[3])

Kann man demgemäfs von einer Beachtung des Versuches als
solchen zu Beginn des 14. Jahrhunderts kaum sprechen, so tritt
dieselbe bei einigen Urteilen des Aufruhrrates (1349) wohl hervor,
doch ist das subjektive Moment immerhin zu wenig berücksichtigt,
der Erfolg der verbrecherischen Handlung das Ausschlaggebende.
Auf zwei Jahre Verbannung wird erkannt bei einem Mordanschlag
auf „erberg leut", fünf Jahre nur werden einem zuerteilt, „daz er
fein muter dermort wolt haben". Allein bei wirklicher Verletzung
zieht Totschlagsversuch Bufse nach sich. Zu wenig verbürgt ist
der Eintrag, wonach 1349 eine Frau, welche einen Juden zu töten
suchte, lebendig begraben wurde, denn 1406 liest man nur vierzehn Tage Thurm bezüglich eines ähnlichen Unternehmens.[4])

Bezeichnend ist sodann, dafs bis in das 16. Jahrhundert hin-
ein Strafen wegen Versuchs von Verbrechen in den sogenannten
Haderbüchern notirt, d. h. als nicht peinlich zu sühnende Frevel
behandelt werden. Dabei ist ihre Zahl sehr bescheiden. Erwähnenswert sind nur ein auf Fürbitte nicht geahndeter Diebstahlsversuch,
ein Betrugsversuch, der mit zehn, einige Notzuchts- und Raubfälle,
welche mit lebenslänglicher Verweisung, zwei Vorhaben des Meineids, die mit Züchtigung, bezw. fünfjähriger Verbannung bedacht
werden. 1517 entschlüpft einer sogar der Richtung, welcher auf
einen Förster, der in amtlicher Eigenschaft das „pfandmäfsige"

---

[2] s. Verführung: Hegel 4, 204.
[3] s. Schädl. Leute; MS. 581.
[4] AB. Lochner, 122, 125, 87.

Holz des Täters zeichnen wollte, von hinten mit dem Beil drei
Mal „mörderischerweise" losschlug.[5])

Hatte den Rat schon geraume Zeit das Bestreben beseelt.
dem auf die Vollendung der Tat gerichteten Willen mehr Beachtung
zuzuwenden und ihn ohne Rücksicht auf den Erfolg mit verhältnismäfsig hoher Ahndung zu belegen, so kann man doch dreist behaupten, dafs erst der Einflufs der Karolina der italienischen
Doktrin hierin zum Siege verhalf. Wie sehr sich die Mehrzahl der
Konsulenten hiegegen sträubte, bekundet mit Evidenz ein Fall von
1530:[6]) Der Mann wollte sein Weib zwingen, hinsichtlich einiger
Schulden vor Gericht zu leugnen. Auf ihre energische Weigerung
hin suchte er sie zu erwürgen und mifshandelte sie derart, dafs
sie gebärunfähig wurde. „Ob man wohl hierin bedenken wollte,
das der will (an sich) nit zu strafen sei — führt ein der neuern
Aera huldigender Hochgelehrter aus — Sölle und möge man doch
warnemen den Willen, der in das Werck und die that gangen, also
dafs an seinem willen nichtz gemangelt, Sy zu erwürgen. Der soll
hoher gestraft werden, der den willen zu töten gehabt und die tat
nit verpringen möge, dann der ein todt oder mordt gethan und
des nit willens gewesen." Auch sei die Frau durch die Mifshandlung „zeitlich" getötet worden, ergo der Täter der lex Cornelia
gemäfs zu richten. Dieser Neuling wird jedoch von den andern
Konsulenten entrüstet zurückgewiesen: „Ein yde vbelthat soll nach
dem Rechte oder geprauch gestraft werden, dieser Fall ist aber
vorher in Nürnberg nit zu schulden komen, auch nit gestraft worden,
soll er dann itzt anfenclich mit dem schwert gestraft werden, wüfst
man nit, ob es einem Richter zu verantworten were."

Ein andres Mal scheitert das Todesvotum an der Versagung des
Zugeständnisses durch den Täter. Der Vorsatz war, eine Frau
mit einem Spiefs zu erwürgen. „Wiewohl sie ihn erzürnt", erklären
die Konsulenten, „er sie wol mit der feufst oder ein prüggel können
schlagen" und beschliefsen, dafs dem Beschuldigten angesichts der
offenbar kundgegebenen Mordbegier das Leben abgesprochen werden
solle. Der Rat jedoch, welcher den modernen Ideen noch weniger
Sympathien entgegenbringt, mifsbilligt diesen Vorschlag und macht

---

[5]) Haderb. I, 76, 180, 112, 229, 182. 224, 221: Tiller 14 tag turm. wann
er einen erstochen wolt haben, AB. 817, 24, 1406.

[6]) Rtsohlb. VI, 230).

es vom „Bekenntnis" des Beklagten abhängig. Dieser leugnet
hartnäckig auf der Folter die Tötungsabsicht und wird deshalb
nur zu Pranger, Rute und Ersatz für „schäden und schmähe" an
die Frau verurtheilt.[7])

Ob man nach Vorstehendem behaupten darf, dafs die Karolina,
durch welche in der Folgezeit die „scheinlichen Werke" zu einer
geradezu exorbitanten Strafwürdigkeit erhoben wurden, die Nürnberger Praxis in ein humaneres Fahrwasser gelenkt hat, oder ob
es vielleicht nicht besser bei den „loblichen herbrachten gebreuchen"
geblieben wäre, mag dahingestellt bleiben. Gar bald findet sich
die zeitgemäfsere Theorie: Wenn einer in todeswürdigen Verbrechen
die Tat zu vollbringen gesucht, aber ohne seinen Willen den Effekt
nicht erreicht, so soll er wie der Täter gestraft werden; kommt
er aber allein „ad facti remotum, d. i. dafs er zu der Mifshandlung
kein sondre that fürnimbt oder übet", soll er nicht am Leben,
sondern extraordinarie: „das ist nach ermessung der Person" —
und hiedurch ist der Willkür Thür und Thor geöffnet — Ahndung
erfahren.[8])

1550 schiefst einer auf einen Landsknecht, welcher ihn vorher
bedroht und geschädigt, verletzt indefs einen andern unbedeutend.
Es fragt sich, ob der animus occidendi dem erstern gegenüber
vorlag und demgemäfs ein fehlgeschlagner Versuch anzunehmen
sei. „Er ist nit gar unstrafbar, meint die Mehrzahl der Konsulenten,
dieweil er ein verpotten wehr getragen. Dann der dolus werde
presumirt ex qualitate armorum, zudem das er auch sein Püchsen
abgeschossen und also gleich posen fürsatz damit bewiesen." Einer
sucht indefs die Tat aus politischen Rücksichten zu beschönigen:
„Wenn er in diesen Lufften den Landsknecht, dem ers vermeint,
gleich gar erschossen gehapt, So wers seins erachtens der zeit
halben ein actus impunibilis und vielmehr zu loben und der arm
gefangen derwegen wohl mit einem kreuzlein zu ziern gewest."
Man einigt sich schliefslich zur poena extraordinaria (Konfination).[9])

1556 indefs verweigert man einem, der den Gegner in den
Rücken geschossen, den Einlafs auf bürgerliche Strafe, indem man
die Tat, trotzdem jener nur eine Verwundung erhielt, für wirklichen
assassinatus erklärt.[10]) Wir sehen hiemit die Konsulenten völlig

---

[7] Rtschlb. VII, 84.   [8] Rtschlb. XXXIII. 244.   [9] Rtschlb. XIV, 99.
[10] Rtschlb. XIX. 29.

zur neuen Richtung bekehrt; mit grofser Konsequenz beharren sie
für die folgenden Jahrhunderte bei diesem Glaubensbekenntnis:
In fast allen Fällen des Mordversuchs ist Tod durch Enthauptung
ihres Votums Inhalt. 1579 liest man — an die Friedbruchs-
bestimmungen gemahnend — Handverlust und Rutenstrafe; 1693
wandert eine Frau, welche ihr Enicklein in das Wasser geworfen.
in das Zuchthaus auf ungewisse Zeit.[11])

Im Übrigen erscheint es zweckdienlich, den Versuch bei Besprechung der einzelnen Delikte ins Auge zu fassen.

4. Die Notwehr.

Zwei Wege, seine Schuldlosigkeit zu erweisen. eröffnen sich
nach altem Recht dem Bürger, welcher den ihn plötzlich Über-
fallenden für immer zu Boden gestreckt: Entweder er schleppt
ihn sofort vor den Richter oder er läfst ihn unbeerdigt an der
Unglücksstätte und gewärtigt die Ansprache der Sippe. Keines-
falls darf er — will er nicht des Mordes Vorwurf auf sich laden -
die Tat durch Bergung des Leichnams zu verheimlichen suchen.

Kühn und schwer durchführbar scheint das erste Unternehmen.
Denn es heifst nicht nur, den Toten vor Gericht zu bringen.
sondern auch die erforderliche Eidhelferzahl zu gewinnen. um
den unberechtigten Angriff selbstsiebent zu beschwören. Hiezu
tritt sodann der eigne Einhandseid, dafs er des schädlichen Mannes
nicht anders. als durch dessen Tötung. habhaft zu werden vermochte. Gelingt die doppelte Ausführung, so wird über diesen.
wie über einen Lebendigen gerichtet. Der Nachweis der Erhebung
des Gerüftes ist bekanntlich nach der ä. HGO. nicht mehr erforderlich.[1])

Andernfalls wird er wohl daran tun. das Weite zu suchen
und sicheres Geleit zu erbitten, um gefeit vor der Rache der Sippe
die Rechtfertigung zu wagen. Als Mittel zur Durchführung derselben
gilt anfangs wohl nur der Reinigungseid; das hierauf ergebende
freisprechende Urteil ist dann insofern ein bedingtes, als es auf
der praesumptio juris der Unverfälschtheit des Schwurs basiert.
Und nicht leichtgläubig vertraut ihm das Gericht. Bei Meineid: „daz daz als kuntlich und alz gewissen wer, daz er der getat

---

11) Mfzb. 1579, 1698.   1) s. Verf. 219, (24).

schuldig,“ sieht der Vermessene hoher Ahndung entgegen. bei
Verdacht der Aufsagung des Bürgerrechts.[2])

Bezüglich der weitern Erfordernisse dieses Einhandseids, ist
es dem sich hiezu Erbietenden förderlich, eine Wunde oder Flecken
und Schrammen vorweisen zu können, um so seine berechtigte
Gegenwehr glaubhafter zu machen; sodann beschwört er „das er
keinen gehawen, geworffen oder geslagen vor und ehe er gehawen
und verwundet worden sey Sonnder allererst darnach.“[3])

Nun zu der Frage. ob denn die Gegenwehr stets erst nach
solch tätlicher Verletzung gestattet ist. Den früheren Quellen
gemäfs mochte dies allerdings die Regel bilden; doch darf man
keineswegs die Vermutung siegen lassen, dafs sich der Rat zu
der Zeit, wo er den Normen des Leumundsverfahrens analog
Schuld und Unschuld genau abwog und den Akt des Verbrechens.
wie die begleitenden Nebenumstände scharf in Beurteilung zog. an
eine tote Formel kettete.

Er mafs daher nicht ohne weiteres jedem. der eine Wunde
zur Schau trug. Glauben bei, ebensowenig. als er diese für ein
notwendiges Requisit zur rechten Notwehr ansah. Immer wird
indefs in der Ledigsprechung hervorgehoben, dafs sich der Täter
„der leibsnot hat weren müssen“. dafs der Gegner „uber vilfeltige
rechtpot zur gegenwer geursacht. gedrängt“ oder wenigstens „seiner
beschedigung ein verursacher“ war.[4])

Dafs ferner der Angegriffene, um zum Schlag autorisiert zu
sein, sich in so grofser Gefahr befinden müsse, dafs ihm — analog
dem Schwsp. — kein Entweichen mehr möglich, wird ebenfalls
nicht beansprucht. Gegenüber solchen, welche sich von vornherein
als gemeingefährliche Individuen charakterisieren, ist man auf die
geringste Bedrohung hin zur Gegenwehr befugt. So bei der
„natürlichen Defension“ gegen Landfriedbrecher und Wegelagerer
— entsprechend den kaiserlichen Privilegien[5]) — oder gegen einen
der durch Urfehde im Achtbuch als gemeinschädlich Deklarierten:
„ob er einen Burger stechen oder slahen wölte. weret sich der

   [2]) PO. 87.   [3]) Haderb. I, 1454—1521, 194.
   [4]) da sich erzeigt, das der abgeleibt vber vilfeltige rechtpot zu der
gegenwer geursacht, aufs fare und sorgen, doch für die traifs 20 Pfund
Novi, Rtb. VIII, 19; man sprach, er het sich leibsnot müssen weren, Hegel.
Städtechr. 5, 578; Haderb. I, 1488 96, 62; Haderb. II, 1521, 278.
   [5]) MS. 960.

wider in und sleht oder sticht in ze tode oder wundet in oder lemt
in. der ist im und dem rihter und der Stat und niemanne nith
bezzerunge darumb schuldik noch sinen freunden und sin freunde
suln den auch nith feinschaft darumb tragen."[6])

Ich hebe diese Stelle ausführlich hervor, um zur Frage hinüber-
zuleiten, ob denn der Täter — auch in andern Fällen — nach
Erbringung des Nachweises der rechten Notwehr keinerlei Strafe
oder Buße zu gewärtigen hat.

Befangen vom alten Kompositionensystem ist der Rat nur
selten gewillt, der Sippe die Geltendmachung des Wergelds oder
der Buße völlig zu versagen; es endigt daher trotz des Eides das
Verfahren zumeist mit einer „lieblichen" Richtung zwischen den
Parteien. Der Rat spielt hier also — seiner sonstigen Vorsicht
getreu — mehr die Rolle des Schiedsrichters; er löst zwar den
Schwörenden von der Beschuldigung des Totschlages, beordert ihn
indefs, ein bestimmtes Wergeld, dessen Höhe ev. der Rat bestimmt,
der feindlichen Sippe zu leisten und zwingt die Widersacher zum
Urfehdschwur.[7]) Doch hiermit ist der Gerechtigkeit nicht immer
Genüge getan. Auch dem Richter und Rat mufs noch eine Bufse
— bei Totschlag im Fraifsgebiet das bisweilen beträchtliche Fraifsgeld — erlegt werden, daneben an den Lochwirt die Erstattung
der Atzungskosten erfolgen. Endlich ist der Rat gerne geneigt,
den Tapfern, sei es, um ihn selbst vor Unbill zu wahren oder
überhaupt weiterer Fehde vorzubeugen, sei es, weil dieser sich
nach Beurteilung des Falls immerhin als rauflustiger Geselle
deklarierte, auf bestimmte Zeit oder lebenslänglich aus dem Gebiet
zu verweisen. 1483 gestattet man einem solchen „das er one fare
gemeiner Stat halb zu Wendelstein sein wesen haben müg, doch
das er die Stat Nürnberg meid." So ist es auch begreiflich, dafs
einem die „rbermafs der vnvollbrachten straff vfs gnaden begeben"
wird. der aus „Notwere ln vergangen tagen einen todslag hie
getan" und deshalb zu zehn Jahren Verbannung verurteilt wurde.[8])

---

[6]) AB. I, 15, 1828.

[7]) Wo sich E. St. vmb den todslag So er in geursachter Nottwere begangen mit des erslagen weib gütlich vertregt, Sol er vfs sorgen gelassen
sein, Rtb. IV, 105: solcher verwundung halb das gellt vff grofse gnad
zegeben gestrafft worden, Haderb. I, 108; Rtb. XVIII, 1587, 185; D. und
des abgeleibten freuntschaft ein frid lassen schwüren, Rtb. VIII, 150, StA.

[8] AB. 1448, 20: Rtb. V, 66.

Noch 1532 spricht man trotz vollberechtigter Gegenwehr Verweisung und Zahlung einer „Ergetzlichkeit" an die Witwe aus;
„keine leibstraf, heißt es, dennoch gepür in solchen Sachen ernstlich zu erzeigen, auch weil das factum mali exempli sei." [9])

Solch rigoroses Vorgehen entschuldigt sich nur, wenn man
erwägt, daß in vielen Fällen die Berechtigung zur Notwehr — ohne
ihr die Wahrscheinlichkeit absprechen zu können — nicht nachweisbar war und ja die Bedeutung des Reinigungseides frühzeitig
sank.

Als unberechtigte Notwehr gilt es, wenn der Tötende vorher
den Gegner gereizt. So 1490: „Nachdem sich vf der zewgen sag
erfunden, das derselb Hehel erstlich dem lenker böse. frävele
wort gebotten und zu vfrur geursacht het, ist eins Rats fug nicht,
den H. deshalb vfs sorgen zu lassen." [10]) Anderseits weist der
Rat den Kläger zurück, sofern der Verwundete oder Getötete
seiner Verletzung Veranlasser war: „Darvmb das Sye beide einander geschmecht, sol er die beschedigung tragen und H. Ime
darumb zu thun nichts schuldig sein." [11])

Exzeß der Notwehr ist strafbar. 1529 entscheidet man: „Es
sei nit noth gewest, sich gegen den Entleibten so zu wehren. wenn
er sagt, der verstorben het werfen wollen, aus dem eruolg. das
er nit geworffen hab, und ob er geworffen het, so hab er nit
genugsam vrsachen gehabt, daz er sich einer solchen gegenwer
het geprauchen sollen." Der Täter wird gerichtet, ein Helfer, der
nur „vfszogen", verbannt, „damit es nicht heiße, er wäre bei einem
Totschlag gewest und man hätte ihn ungestraft gelassen." [12]) Ein
andrer beging den Ableib in der Vermutung, daß Metzger, welche
sich mit Bleikugeln und Stechmessern bewarfen (!). ihn selbst, der
dabei stand, treffen wollten. Dieser Einwand erfährt auch Beachtung: „dazu seyen auch b. und st. böls mörderische wehr. das
dem gefangen nicht zu verargen. ob (daß) er sich gleich mit
zymerhaken als seinen handwerkswaffen dagegen gerüst hab."
Da er aber, ohne sich von der Stichhaltigkeit seines Argwohns
zu vergewissern. auf einen Werfenden losstürzte und ihn tötete,
wird er zur Richtung empfohlen „dann er selbs bekenne. das der
entleibt ihm kein pöls wort oder vrsach geben." [13])

---

[9]) Rtschlb. VII, 244.   [10]) Rtb. V, 285.   [11]) Haderb. I. 1508—16. 178.
[12]) Rtschlb. VI, 186.   [13]) Rtschlb. VI, 112.

Nach dem ewigen Landfrieden wird auch die Einrede illusorisch, daß man sich bei Verübung der Tat in Notwehr befunden habe, weil der Gegner nach Zusendung eines Absagebriefs in feindseligster Weise vorgegangen sei. Der Rat bedauert in solchen Fällen, daß der Arme soviel Unbill durch die Fehde erduldet, rügt es hierauf, daß er nicht sofort ihn selbst als ordentlichen Richter angerufen: „er laß sich der aussag nit irren und gestee lme nith, das lme sein genedigst und genedig herrn ye Rechtens versagt," beruft sich im übrigen auf das Eingeständnis der Tat und — legt ihm den Kopf vor die Füße.[14])

Als widerrechtlich charakterisiert sich sodann die Gegenwehr gegen solche, welche kraft gesetzlicher Autorität handeln. Ein Beispiel liegt indeß vor, wonach anderseits ein Stadtknecht, der behufs Brechung des äußersten Widerstandes drei Handwerker niederschlug, trotz seiner guten Sache in eine Freiung floh und vom Rat erst nach eingehender Nachforschung frei gesprochen wurde.[15])

In der Reformation von 1479 ist endlich die „Notwere zu frischer Tat gegen ein Tier" erwähnt und ausgesprochen, daß der Bedrohte bei Tötung desselben dem Herrn keinerlei Ersatz schulde.[16])

Was die rechtliche Behandlung der Notwehr u. E. d. Kar. anlangt, so unterscheiden die Konsulenten zwischen berechtigter, bedrangter und unberechtigter, übermäßiger, ungleicher Gegenwehr. Letzternfalls wird dem Angeschuldigten einmal der Beweis auferlegt, „das im der entleibt zu starkh gewesen und er kein ander mittel gehabt hete, dadurch er von dem entleibten kommen mogen."[17])

Auch ob die „Ursache" der Gegenwehr eine genügende gewesen, wird von nun an gewissenhafter abgewogen: Einer stößt den Angreifer nieder, welcher ihn lediglich bei der Brust gepackt. Jenes sei ungleiche Gegenwehr: „volg nitt, wann einer ein andern rauff, das der ander darumb den erstechen soll oder zuerstechen macht hab." Ebenso versagt man einem die Straflosigkeit, der erst stach, als er beworfen, gestoßen und gedrosselt ward: denn er hatte auf andre Weise abwehren können und nicht sein Richter

14) HGB. I, 51 u. 58.   15) Rtb. VIII, 255 u. 221.
16) Ref. Tit. 80. G. 3.   17) Rtschlb. IX, 217.

zu sein.[18]) Ein ziemlich grofses Zugeständnis räumt man 1540
ein: Der Gegner zuckt das Messer, verwundet und flieht in eine
Stallung. Der Verletzte läuft ihm nach und tötet ihn, wiewohl
der Bedrohte um Friede gebeten. Keine Notwehr, doch: „Der
Abgeleibte gab occasio damni, zuckte das Messer, um ihn mörderischer
weise von rückwärts zu verwunden, der Ableiber hat hiezu kein
Ursach gegeben. Dazu folgte die Ableibung uno tumultu gleich
in einem Rumor und also In continenti als factum continuum.“
Man erkennt auf Verweisung und Rutenstrafe.[19]) Nicht ohne
Interesse ist der Notwehrfall eines Soldaten: Er geriet mit einem
Schüler in Streit und stiefs ihn, der in der Hitze auf ihn losging,
nieder. Der Soldat, heifst es, sei mehr in terminis defensionis
gewesen und habe den Stich animo irritato getan. Dazu war er
trunken und wäre — bei seinen Kameraden verkleinert worden,
wenn er sich nicht gewehrt hätte. Man empfiehlt Konfination oder
Deportation nach Ungarn.[20]) — Ein „sondrer Künstler“ wird von
Dirnen angereizt und hierauf mit Messern bedroht. Er wehrt sich
anfangs durch Werfen mit Sand, sodann sticht er der ersten in
die Stirne, bei weiterem Bedrängen in voller Raserei einer andern
durch die Leber. Man konfiniert ihn für einige Zeit in sein
Haus.[21])

1563 liest man wegen Überschreitung des moderamen wenige
Tage Loch, 1609 indefs lebenslängliche Verweisung. 1619 enthauptet man einen, dem der Nachweis der Notwehr völlig mifslang. Nach einem Akt von 1662 werden regelmäfsig sechs Wochen
bei Excefs verhängt.[22])

Das an Stelle des Reinigungseides tretende Inzichtsverfahren
bewegt sich im allgemeinen in den Formen des alten Anklage-
prozesses und ist mit mancherlei Zeremonien, wie Ausbängung
des Schwertes des Nachrichters, verbunden, läfst sich übrigens
die genaue Erforschung der nähern Tatumstände sehr angelegen
sein. Es wird eröffnet, nachdem der Flüchtige um Geleit zum
und vom Rechten gebeten; es endigt mit Freisprechung oder Todes-
urteil, das aber fast nie zum Vollzuge gelangt, indem Gefängnis,
Verweisung oder Konfination hiefür eintritt.[23) Besonders auf-

---

[18) Rtschlb. XIV, 316.   [19) Rtschlb. XI, 15.   [20) Rtschlb. XLIX, 37.
[21) Rtschlb. XLVII, 24.   [22) Inzichtgerichtbüchlein, StA.
[23) s. Verf. 515 ff. (123 ff.).

regend war der erwähnte Fall von 1609, bei dem der Inzichter,
ein Edelmann, mit Verweisung davonkam, während der Kläger
trotzdem noch immer „vf das scharpfe Recht" drang und an das
Kammergericht zu appellieren gedachte: „Ist der Stattrichter und
die Assessores vfgestanden und ihm keine Appelation gestatten
wöllen, darauf der Alte, als er erfahren, das er verlohren, greulich
geflucht und gesagt, er glaube bey den tausend Sacramenten
nicht, daz ein Recht mehr zu Nürnberg sey."[24])

5. Die Teilnahme.

a. Täterschaft.

Der Täter erfährt nur bei Aufruhr und Landfriedbruch in
prägnanter Weise Hervorhebung vor den minder Beteiligten, indem
hier das Haupt der Unternehmung als dux criminis, Hauptsacher,
Hauptmann, Rädleinsführer. Anfänger, Prinzipal der bindnus etc.
bezeichnet wird. Sonst ist bei verschiedenartiger Teilnahme am
Verbrechen vielmehr der Beihelfer oder Begünstiger markiert,
der Täter allein mit dem ihm nach der Gattung seines Deliktes
zukommenden Namen gekennzeichnet. Bei Verbrechen endlich, wo
sich Vollendung und Beihilfe in der Sühne völlig decken, wie z. B.
bei Verrat, ist ein Unterscheidungsmerkmal überhaupt nur selten
ersichtlich. Werden ja dank dem Einfluß der Landfriedensgesetze
als „Beschediger der heilig Reichsstrafsen und an Warer Tat
Begriffene" solche gerichtet, bei denen man bei der Aufgreifung
Daumenstöcke, Feuerzeuge und andre gefährliche Dinge vorge-
funden; auch soll gegen den, welcher „ein andern aufbrennen
drohet", ebenso verfahren werden, als ob er „gebrennt het".[1])

Bei Friedbruch und Aufruhr ist der Haupttäter in der Bestrafung vor dem harmloseren Gefolge bedeutend bevorzugt. Anfänger eines Tumultes während des Städtetags droht man „auf-
zuzucken, vom Leib zu tun und auf das Rad zu setzen". Im
ä. Achtbuch sind sie mit ewiger Verweisung bedacht (ejecti sunt).
Nach den PO. muß bei „Samenung" der Hauptmann mit fünf,
„der dazu lauffet oder kumt verlich" mit zwei Pfund büfsen.
Wird ein Bürger hiebei verletzt, so tritt bei ersterem eine Steigerung
bis zu zehn Pfund ein. Jene Ahndung der Samenung greift auch

---

[24]) Stark, Chron. 1609.   [1]) MS. 581; H. D. 1381.

Platz, sofern bei einem Zerwürfnis (erieck) unter den Bürgern
„zwene oder drei, wie maniger der ist, sich zu ainander verstricket
mit aiden, mit gelübden oder mit versprüchnüsse, daz si
den criek niht wöllen lazen ane ainander verrihten oder niht
frides ane ainander geben." Schließt der „haubtman des crieges"
friede, so dürfen feine Folger ihn nicht mehr brechen, sonst gilt
jeder Frevelnde als „Friedbrech".[2])

Von Interesse dürfte ferner die Spezialisierung der Aufrührer
gelegentlich des Bauernkrieges sein. Die Konsulenten, welche
äußerste Milde empfahlen, verlangten energisches Einschreiten nur
gegen die offenbaren Unruhestifter, außerdem „vnderschied nach
gestalt der sach". Die Hintersesser Bauern rührten bei einem
Treuschwur „an ein peyel". Der festgenommene „Prinzipal" hatte
zehn, andere Tumultuanten je sieben Gulden zu erlegen, die, welche
nur „an die Hacken gerürt" je zwei. Strengere Maßnahmen hatte
der Rat nach dem großen Aufruhr (1349) erkoren; so diktierte
er einem, der „daz banir trug" ewige Verweisung beim Hals.[3])
Hinsichtlich der Wiedertäufer sollten nur „die rechten hauptsacher"
peinliche Strafe gewärtigen.[4])

1319 ächtet man eine große Zahl wegen Beraubung der
Stadt an Ehre und Gut; „alle die schuld daran habent mit worte
oder werche — und das habent die alle getan in ainem rechten
Satze —" wolle man ohne Urteil richten.[5])

Anlangend die Delikte, welche notwendige Mittäterschaft be-
dingen, wie Ehebruch, Inzest, Konkubinat, sühnen, sofern ein Verbrechen in Frage steht, beide Täter gleich schwer, während bei
Vergehen der passivere Teil zuweilen gelinder davonkommt. Bezüglich des Ehebruchs verfährt man später gegen den Ledigen
milder.

Gedenken wir noch der mittelbaren Täterschaft, so ist hier
hervorzuheben, daß die zum Stehlen verwendeten zurechnungsunfähigen Kinder mindestens ebenso streng, als ihre Verführer.

---

[2]) Anm. 1884; PO. 34 ff.

[3]) Haderb. I, 1516—1527; AB. Lochner, 89; s. Aufruhr.

[4]) s. Ketzerei; die rechten hauptsacher sollen nach gestallt irer handlung
zu tod gestrafft, die andern so iren Irthum weitter ausgebreit, doch keiner
argen meinung, defsgleichen die verfürten verwiesen werden, Rtb. XIV,
315 StA.

[5]) Murr, Journ. f. Kunst und Litt. 2, 368.

bestraft werden. 1487 wird einer enthauptet und verbrannt, da er „seinem elichen weyb beuelh und vnderrichtung geben, Sie auch gehaifsen, dem clagere bey Näcbtli?her weyl sein hawfs und gepew abzuprennen.“ Letztere ist nicht unter die Gerichteten eingereibt.[6]) 1504 gerät ein Bürger mit seinem Sohn anläfslich einer Abrechnung derart in Feindschaft, dafs er einen Freund um 50 fl. dazu bestimmt, diesem einen Arm abzuhauen. Der Gedungene verliert jedoch den Mut und miethet zu gleichem Zweck zwei Landsknechte um 14 fl. Der Anschlag derselben mifslingt, der Sohn entkommt und klagt beim Bürgermeister; die Schuldigen ernten hierauf Pranger, Rutenstrafe und lebenslängliche Verweisung. Den Vater aber „hib man wol zwir als vil und hart als die andern, wann er was des pösen wercks ein anfank.“[7])

1534 wird es unter den Konsulenten streitig, ob einer, welcher als vereidigter Zeuge vor Gericht den Angeklagten für schuldlos erklärte, dann aber — auf der Folter — seine falsche Aussage zugestand, als Mittäter angesehen werden solle. Man bestraft ihn indefs nur wegen seines Meineids.[8])

Die häufig auftretende Bezeichnung „verwandt“ deutet darauf hin, dafs einer der Täterschaft selbst verdächtig oder sonst in bedenklicher Beziehung zur Tat steht.[9])

b. Anstiftung und Beihilfe.

Der Verstifter, Verleiter zu einem Verbrechen steht i. a. dem Täter wenig an Strafwürdigkeit nach. So „is, qui seditionem excitauit, der die Verbündnis angestift“. Den Verführer zum Gattenmord trifft sogar ein strengeres Urteil, als die Täterin; während die Freundin, die „das pulvert gelert“, mit einigen Jahren Verbannung entschlüpft. Ein Ehebrecher, der seine Buhlin veranlaſst, das Kind in der Kirche auszusetzen, wird nach Bufse und Kostenersatz zur Verpflegung des Kindes gezwungen, während die Mutter auf einige Zeit die Stadt zu meiden hat. Bei der Beliebtheit

---

[6]) s. Sittlichkdel., Jugend; HGB. I, 1. [7]) Hegel, Städtechron. N., 5, 676.
[8]) Rtschlb. VIII, 115.
[9]) s. a. Verdacht: alle die in solichen hendeln glawblich und wernlich verwant, wo die im feld ankomen anzenemen, Rtb. VI. 865, StA.; welcher einen rechten tichter der schmehschryfften anzaigen hundert gulden zu geben und darzu wann er dem handel verwandt aufs sorgen und gefabr zu lassen, Rtb. XXVI, 166.

und Einträglichkeit des Diebstahls giebt es frühzeitig Lehrer dieser edlen Kunst, deren Honorar in einem Anteil der Beute besteht. Man liest diesfalls regelmäfsig Rutenstrafe und lebenslängliche Verweisung. Ebenso werden in den PO. die „antrager und handler der haymlichen und betrieglichen ee" mit Thurm und zehnjähriger Verbannung bedroht. Wegen vielleicht vagen Verdachts empfängt eine Behaimin 1391 ein Stadtverbot „d. d. man sie zeh, sie solt im man ein messer zutragen haben, daz er dez l. sun erstechen solt".[1])

Sonst erweist sich die Anschauung der Konsulenten — vor, wie nach der Karolina —, nicht selten schwankend; nur bei schweren Verbrechen zeigen sie sich geneigt, den Anstifter dem Täter gleichzustellen. Ein Aufruhrfall von 1601 ist hier erwähnenswert: Der Erreger sollte — gem. l. Julia — sein Unternehmen mit dem Schwert sühnen. Da es jedoch tatsächlich zu gar keiner Erhebung kam, begnadigte man ihn zu Fustigation und lebenslänglicher Verweisung.[2]).

Aus den Fehdesatzungen, wie den Bestimmungen über Sammung, Aufruhr und Krieg tritt uns das Gefolge entgegen. Es sind dies zumeist die Freunde d. h. Angesippten des Befehders, die ja — als die am Wergeld partizipierenden natürlichen Verbündeten — mehr oder weniger von den entfachten Feindseligkeiten in Mitleidenschaft gezogen sind. Je gröfser die Zahl dieser Genossen, desto furchtbarer wird der Führer seinen Widersachern scheinen, desto theurer wird er sich den ersehnten Frieden abkaufen lassen. Und selbst der Rat hat seine liebe Not, „so gefreunt und gewaltige leute" zur Ruhe zu zwingen.

Die Folger in der Fehde haften wie der Führer. Eine bestimmte Zahl oder Bewaffnung ist für den Begriff des Gefolges entbehrlich, die Satzung lautet einfach: „ist ob jeman mit jenem geht, der den todslag tut, oder die andern tat lauffet oder get,

---

[1]) s. AB. I, 9; Mfbz. 1558; Elsen 2 j. d. d. sie verlewmunt waz daz sie ein frawe gelert solt haben die irem mann vergeben hat, AB. 817, 15, 1405; Rtschlb. XLVII, 76, 90; s. Aussetzung; Hansel ewicl. b. d. Halse dixit, daz der Koppel zu im kam und lert in wie er steln solt und daz hab er getan und waz er gestoln, daz hab er im nahtes braht und in seinen tayl geben, AB. 317, 2, 1403; Frau Rutenstr. „sie hette die Sühn darzu verreizt, was sie gestollen, lr zuzetragen, Stark, 1606; PO. 28; AB 816, 33, 1391.

[2]) Rtschlb. XLVI, 846.

es sein sein freunde oder ander sein helfer verleihe mit verdahtem
mute, der sol pezzern ze gleicher weize, als der es tut." Er mufs
also absichtlich, womöglich auf dessen Aufforderung hin, zum
„crieck" gelaufen sein: „getar er ein bresten mit sein ainiger hant,
das er unverlich darzu komen sei und niht weste, das es jener
tun wolte, so sol er derselben pezzerung ledic sein."[3]) Der besondern Fehdeankündigung bedarf er nicht, es genügt die des
eigentlichen Befehders; der Widersacher hat eben gleichzeitig
vor dessen gesammter Freundschaft auf der Hut zu sein. In
ritterlichen Fehdebriefen freilich sind die, welche die Folge bilden,
häufig nominatim aufgezählt. So glaubt der Reichsschultheifs
Ritter Parsberg zu Beginn der Feindseligkeiten gegen den Markgrafen 1449, diesem trotz der städtischen Kriegserklärung noch
besonders — insgesammt mit seinen ausdrücklich benamsten Dienst-
leuten — ankündigen zu müssen, dafs: „Ich und mein geprött
knecht von wegen der von Nürnberg, meine hern, ewr und aller
der ewrn und helfern und helfershelfern veint sein wöllen und was
wir ewch und allen den ewern und h. und bh. schaden zuziehen
mügen, da wöllen wir ewch und allen den ewrn und h. von ern und
Rechtz ichtz vmb schuldig sein und ziehen vns des in der von
Nürnberg fryd und unfryd und dorften wir icht mer bewarung."[4])

Welcher der Folger des Führers Friedgelöbnis mifsachtet, sühnt
als Friedbrech. So köpft man 1502 drei: „haben im frideingang
den frid geprochen"[5])

Von Zusammenstöfsen in der Fehde ist scharf die einfache
„Samenung" zu scheiden; hier untersteht, wie bemerkt, der Helfer
einer viel milderen Norm, als der Hauptmann.

Soweit die PO. In den spätern Ratschlägen der Konsulenten
hiegegen macht sich trotz der strengen Reichsgesetze das Prinzip
geltend, dafs bei Rauferei und Schlachtung jeder nur für die von
ihm vollführten Tätlichkeiten haften, und bei Ableib im Fall der
Nichteruirung des Schuldigen allein der eigentliche „Anfänger des
Unrats", der mit einer Mordwaffe bewehrt nachweisbar zugeschlagen
hatte, peinlich, doch nie mit dem Leben sühnen solle. Ganz un-
gerupft freilich entkommt keiner.[6]) Auch ist solidarische Haftung

---

[3]) PO. 32 ff.   [4]) Waldau, N. Beitr., 1, 889.
[5]) PO. 35; Hegel, Stchron. N., 5, 655.
[6]) s. Totschlag, da er jedoch ein Anfenger des unrats gewest, auch be-

für den Schaden keineswegs ausgeschlossen, wie 1510, wo sieben
Helden eine Frau derart mißhandelten, daß sie beinahe einer
Hand verlustig ging.[7]) Bei sonstigen Gefechten und Tumulten, wie
der Gesellen und Lehrlinge, nimmt man es mit der Ausfindigmachung
der eigentlichen Unruhestifter weniger genau. Die Stadtknechte
sollen eben einen „Griff" tun, befiehlt der Rat: Mitgefangen, mit-
geprügelt!

Des Komplottes ist bei der Täterschaft kurz gedacht. Die
Bezeichnung findet sich in den Quellen nicht vor; hiefür, wie für
„Bande" wird der Ausdruck „Bündnis, Verbündnus" gebraucht.
Je nach ihrer Beteiligung an gemeinsam verübten Untaten treten
die Glieder einer solchen Vereinigung in den Urteilen als Räuber
und Brenner oder Räubers- und Brenners-Helfer auf; in der Bestrafung sind letztere selten bevorzugt.[8])

Außerdem figuriert der Helfer als Genosse, Geselle, als der,
welcher „hilf, rat, fürschub, fürdrung, beistandt" leistet, mit Worten
oder Werken fördert. Er muß kuntleich, wissenlich, verlich (mit
verdahtem mute) unterstützt haben oder sonst der Tat „glaublich,
wernlich" verwandt sein. Als Beihelfer wird auch der erachtet,
welcher bei einem Angriff den Freund hitzig (fraidig), den Gegner
zaghaft macht.[9]) 1381 spricht man einem „d. d. er einen helfet,
ein Messer in In (den Überfallenen) gestochen wolt haben und
einen andern, der dabey stand, den halse wolt abgestochen haben",
zehnjährige Verweisung zu.[10])

Beim fährlichen „Stellen nach Bürgerstöchtern" sehen wir
den Helfer als „Handler heimlicher Ehe" tätig, als Bereder der zu
Bethörenden, eventuell als falschen Zeugen für das angebliche
Verlöbnis, endlich als den, welcher sein Haus zur Abhaltung des
maßgebenden Beilagers (wider Willen des Vaters) zur Verfügung
stellt. 1407 liest man fünf, bezw. drei und ein Jahr Verbannung
für einen, der seinen Freund „hart genötet sein mume zu der ee
zeneme", für die, welche hiezu Beistand geleistet, und für den,
in dessen Wohnung die Aufnötigung stattfand.[11])

---

kennt das er ein werh gehapt und In den hauffen geschlagen hab, darumb
mit Ruten und landsverweisen, Rtschlb. IX, 34; Rtschlb. VI, 186.

[7]) Haderb. II, 202.

[8]) PO. 35; s. Raub und Brand: Brennershelfer meist Feuer, AB. 1448. 29
HGB. I, 58, Mordh. Schwert und Rad, HGB. I, 14, 15.

[9]) PO. 37, 28, 32; Rtschlb. IX, 282.   [10]) AB. 316, 7.   [11]) AB. 317, 32, 33.

Dem Spieler leiht der Helfer die Würfel, für den Münzfälscher bringt er das Falschgeld unter das Volk oder steht während des Prägens auf der Lausch, dem Bettler verschafft er ein Kind zum leichteren Erwerb, des Räubers Beute nimmt er als Zahlung und plündert und mordet mit ihm.

Auch der Rathilfe fällt eine gewichtige Rolle in den Strafeinträgen zu. Schwer sind meist Anstiftung und Beihilfe aus einander zu halten. Ich erinnere an den Verführer, der cum spe matrimonii im Entschlusse zur Beseitigung des Gatten bestärkt, an die Freundin, die „daz pulvert lert", sei es, dafs es jenen vernichten, sei es, dafs es Neigung im Geliebten erwecken soll.

Macht das Gemeinschaft-Pflegen mit gefährlichen Individuen, wie Alchemisten, straffällig, so kann auch lediglich das „Dabeisein", wie z. B. beim Versetzen eines gestohlenen Rockes, verhängnisvoll wirken. Dies mufste auch ein Stadtknechtsweib erfahren, welches untätig der Befreiung einiger Gefangenen zusah.[12])

Als ohne weiteres der Beihilfe verdächtig gelten die mit dem Täter Versippten. Jagt man früher Weib und Kind mit zur Stadt hinaus, so erachtet man die Frau auch später noch als particeps criminis und erklärt sie aufserdem als nicht zur vollgiltigen Zeugschaft befähigt. Wie oft schwören Brüder den Reinigungseid, dafs sie bei Verübung des Verbrechens weder durch Rat noch durch Tat Beistand geleistet, oder verbürgen sich für den Verbannten, bei Nichteinhaltung der Urfehde sein Feind werden zu wollen, oder versprechen, ebenso wie dieser, kein Leithaus mehr zu besuchen, kein Schwert noch Messer bei sich zu führen. Hie und da veranlafst das Sippenverhältnis freilich mildere Beurteilung. 1605 werden drei Weiber, welche falsches Geld „verschoben", nur verbannt unter der Motivierung, dafs sie ihre Männer doch nicht verraten konnten. Als natürliche Helferin wird auch der Anhang eines Verbrechers mit ihm gerichtet oder wenigstens für immer verwiesen.[13])

---

[12]) s. Fälschung; Alheyd 8 jar d. d. sie einer Pettelfrau half zu einem kind, daz ir niht waz, AB. 317, 2; Hegel a. a. O, 5, 665; fünf ein jar, d. d. sie dabey warn, da der schulmeister zu s. Egydien gewundet ward, AB. 317, 18; Hanse Jur. daz er niht dabey gewesen, da die Pferd genomen wurden, AB. 317, 17; 5 jar d. d. sie bey der Schand warn, da der P. erstochen ward, 9; vrsula d. d. Sy mit und bey gewest, als H. pecker ainen rock vudter die Juden versetzt vier tag panck Rtb. XI, 475 StA.

[13]) Brüder jurav. lr unschuld, das Sye daran weder Rat noch that haben

Waren Vater und Sohn Helfer, so trifft es zu, daſs jener als
der mutmaſsliche Verleiter weniger rücksichtsvolle Behandlung erfährt. Knechte und Mägde straft man meist milder, als den Herrn;
ebenso Lehrlinge. In einem Fall indeſs, wo der Schüler dem Meister
im Falschmünzen es gleichtat und sich fast als noch kunstfertiger
erwies, folgt er diesem zum Hochgericht.[14])

Daneben macht sich frühzeitig die Anschauung geltend, daſs
der Helfer schon deshalb minder strafwürdig sei, weil er die Tat
nicht als seine eigne vollführte, also am Erfolge nicht in solcher
Weise, als der Haupttäter interessiert war.

Bei schweren Verbrechen verheiſst man dem Helfer zuweilen
als Dank für den Verrat am Hauptschuldigen Straflosigkeit
und hohe Belohnung. Mitverhaftet dient er als vornehmstes Über-
führungsmittel für letztern, als welches er oft grausamer Tortur
unterworfen wird.[15])

Ist es ihm beschieden, sein Genosse auch im Tode zu werden,
so verschont man ihn meist mit der Schärfung der Kapitalstrafe
oder hat an einer geringern Anzahl Radstöſse Genüge.

Bei Militärdelikten sichert man dem Helfer die volle Strafe
zu; bei Bankbruch soll er, wie der Täter, der bürgerlichen Ehren-
rechte verlustig gehen.

1575 rädert man einen, welcher einen Jungen, welchen er
zum Stehlen dressierte und nützte, — wahrscheinlich aus Furcht
vor Entdeckung — jämmerlich ermordete.[16])

c. Begünstigung.

Als noch angesichts des unzureichend entwickelten Sicherheitswesens Bürger und Bauer zu selbsttätigem Eingreifen bei der
Verfolgung von Verbrechern verpflichtet waren, stand jegliche

---

darumb aus sorgen, AB, 1448, 2; M. ewicl. von dez mordes wegen den ir
man getan. L. irem Sun 10 jar von derselben sach wegen, AB. 816, 88;
AB. 816, 12; die frawen eins totslags halben durch Iren brudern gevbt verwandt 10 jare, Rtb. IV, 206; Anhang gerichtet, Rtschl. XLVI, 259.

[14]) Körperverl. Täter 10 sh. und 8 tag loch, zwei Helfer, Vater 10 sh.
4 t. l., Sohn 2 t. l., Haderb. II, 106; so sonderlichen, weil er solcher falschen
Müntz in einer so kurtzen zeit schier halb souil als sein Meister gemacht,
Rtschlb. XIV, 278.

[15]) Rtb. 0, 45, 1441 StA.; s. Verfahren 494, (102, Anm. 47); Rtschlb.
XLI, 111.

[16]) Mfzb. 1575.

Unterstützung solcher unter dem Gesichtspunkt einer schweren
Vergehung. Die Begünstigung wird entweder schädlichen Leuten,
d. h. Verdächtigen und Gemeingefährlichen an sich zu teil oder
offenkundigen Verbrechern und Ächtern oder endlich Verbannten
und Ausgewiesenen. Der Tatbestand erfüllt sich durch jede
Förderung derselben, die sich nicht als wirkliche Beihilfe charakterisiert, also vornehmlich durch Hausen, Hofen, Tränken, Ätzen.

Das Beherbergen schädlicher Leute ist in allen Landfriedens-
satzungen, wie auch in den PO. als besonders strafwürdig hervorgehoben und in der Ahndung zuweilen dem vollendeten Friedbruch
gleichgeachtet. Es genügt nicht, dem Schädlichen die Herberge
zu versagen; auch der unterlassene Versuch, desselben habhaft zu
werden oder wenigstens seinen Schlupfwinkel den Stadtsöldnern
kundbar zu machen, wie die Weigerung, diese tatkräftig bei der
Aufspürung und Verhaftung zu unterstützen, vermag den Vorwurf
der Begünstigung hervorzurufen.

Die Humpelwirte der verrufnen Kneipen an der Heerstraße,
auf Einöden oder mitten im Walde waren fürwahr nicht zu neiden.
Schätzten sie doch das Raubgesindel als die vornehmsten, wenn
nicht einzigen Gäste, denen sich Küche und Keller bereitwillig
öffneten, mochte auch der Zahlungspreis zumeist nur aus
geraubtem Gut bestehn! Solch verwegnen Gesellen den Eintritt
zu wehren, dieselben gar festzunehmen oder den Söldnern in die
Hände zu spielen, wagte wohl keiner, dem das Leben lieb und
der rote Hahn unerwünscht war. Befolgte er indefs jenes nicht,
so vermochte er nur zu bald in Gefahr geraten, als mitverdächtig
torquiert und mit seinen Zechgenossen gerichtet zu werden, zuweilen selbst durch Verrat der letztern.

Wer solche Begünstiger tötet oder verletzt, zieht sich nach
dem Landfrieden keinerlei Verantwortung zu. Gemäfs der Frank-
furter Reformation von 1476 sind diejenigen, welche schädliche
Leute „etzen, trenken, schützen, hinschieben" für reos criminis
laesae majestatis zu erklären und als Aberächter zu richten;
derselbe Lohn soll die treffen (g. V. v. 1493), welche den Rat an
der Ausführung des Landfriedens hindern. Das Einnehmen, Enthalten und Fördern von „Austretern" wird nicht gelinder beurteilt.[1])

---

[1] MS. 960; Mand. 1555, 1560; 1529 richtet man einen Wirt, der Thom.
v. Absberg wissentlich beherbergte, obwohl 500 fl. auf dessen Kopf standen;
drumb hett dieser Wirth keine entschuldigung, Waldau, Verm. Beitr. 3, 206.

1529 nimmt man einen an und enthauptet ihn „auff gemeiner
stend des lobl. punds zu Schwaben beuelh, da er des punds offene
entsagte veindt und beschediger zu mermalen vndtergeschlaytft.
gehaust, gehöfft, geetzt, getrenckt und wider des heil. Reichs landfrieden gehandelt hat."[2])   Nach der PO. v. 1548 darf kein
unbekannter Reisiger, oder „eynicher gast, der verdechtlich geacht
und argwenig angesehen, wie auch unbeerbt und unbekandt müfsig-
genger, als Spiler, Sauffer oder, wie man die Spitzigen Knecht
nennt," beherbergt werden.   Als der Rat (1397) mehrere Raub-
nester zerstören läfst, leisten die gelinder bedachten Raubritter
die Urfehde „nichts zu effern und keine verleumbte schädliche
Leute in ihren Schlössern unterzuschleifen, noch ihnen fürschub
zu tun."[3])

In den PO. ist für den Begünstiger von Frevlern in der
Muntat, wie von Aufrührern die Strafe des Täters ausgesprochen.
Ja, kommt dieser vor den Rat und gibt seinen Fürschieber an
— damit derselb zu vancknus pracht wurde — so soll dem De-
nuntianten Bufse und Strafe erlassen sein (1471).   Ebenso erlegt.
wer Verbannte einnimmt, hohe Bufse, wenn er nicht dieselbe Ver-
bannungsstrafe riskieren will.[4])

Ähnliche Grundsätze gelten für den Begünstiger von schweren
Verbrechern. So enthält die Ächtung einer Kindsmörderin (1598)
das analoge Verbot: „sonst will ein E. Rat an leib oder guet an
der Täterin statt dermafsen ernstlich und ohne gnad straffen, dafs
ihrer Erberkeit mifsfallen ein werk gespürt werden soll"[5]).   1574
wird ein Bürger wegen Unterstützung eines Mörders trotz erwirkter
kaiserlicher Interzession für immer verwiesen.

Von seltsamer Anschauung ist übrigens ein späterer Ratschlag
beseelt: Einer entdeckt in seinem Garten einen Mörder, zeigt ihn
jedoch nicht an, sondern versorgt ihn sogar mit Lebensmitteln.
An sich sei er als Mörder zu bestrafen, da er aber den Verbrecher
nicht in das Haus aufgenommen, auch nicht selbst in den Garten
gewiesen, sondern sich lediglich dadurch vergangen, dafs er ihn

---

2) HGB. II, 95.   3) MS. 960.
4) PO. 47, 15; si aliquis eundem vllinum hospitaverit vel cibaverit vel
auxilium porrexerit intra Ciuitatem vel extra C. dabit 80 Pfund Soulteto et
ciuibus. Quod si non habuerit patietur jus vllini predicti AB. I, 10.
5) S. 1. L. 578, Nr. 34.

an die Obrigkeit nicht verraten habe, solle man ihm unter Stäupung die Stadt aufsagen.[6])

Wer Mordbrenner haust, macht sich zu ihrem gleichwertigen Komplizen; 1321 ächtet man einen, quia abstulit violentum incendiarum suum nocturnum. Sofern jemand Zigeunern Unterschleif bietet, ihnen Viktualien, Getränke und dgl. überläfst, geraubte Sachen wissentlich abkauft, den Weg zeigt, Anschläge mitteilt, soll er (Mand. v. 1720) ohne weiteres aufgehängt werden.[7])

Da als gemeingefährlich erachtet wird, welcher verbotne (spitzige) Messer oder sonstige Wehr trägt, so darf man einem Bewaffneten „dehaine vaile sache ze kaufenne geben", der Wirt mufs ihm beim Eintritt in die Stube gebieten, die Waffen niederzulegen. Bei Weigerung ist er verpflichtet „dem gaste und den knechten noch iren pferden weder ze essene noch ze trinkene ze geben, er laze denne swert und messer in der herberge." Jedenfalls soll man des gefährlichen Spielzeugs habhaft werden. Trägt einer spitzige Wehr, so ist es Vorschrift, nicht nur ihn zu strafen, sondern auch seinen „vatter oder dez brot er izzet" zu pfänden. Ferner müssen die Wirte eidlich geloben, bedenkliche Spieler anzuzeigen und ihnen sofort die Thüre zu weisen; der Schenk, welcher sie in seiner Taberne duldet, wird zur Rechenschaft gezogen, der auftrager soll ein ganzes Jahr unaufgetragen sein."[8])

Hiezu tritt das Verbot der Aufnahme von Unzüchtern, von solchen, welche nicht Bürger sind, und denen das längere Verweilen im Stadtgebiet nicht speziell gestattet ist, sodann von Juden und Bettlern.

Des weitern macht es straffällig, „mifsglaubige Leute und verführerische Lehrer" zu hofen und sie nicht sofort dem Rat zu denunzieren. Bei der grofsen Vorliebe für Alchamey im 16. Jahr-

---

[6]) Rtschlb. XLVI, 455.

[7]) maientaler abstulit violentum incendiarium nocturnum et interfectorem, pro quo cives voluerunt respicere ad corpus suum et ad omnia sua AB. I, 11: S. 1, L. 569, Nr. 40.

[8]) PO. 89, 51, 58, 68: die wirt, so solche spitzbuben hallten, mitsambt den gesten in's loch, Rp. 1588, 8, 18; was Landsknechte ergartet, dürfen sie nicht bei Wirten verzehren, man soll ihnen Herberge verweigern, Mand. D. 1569—1580 Stbibl: den flachen und des wirts Maid zu red setzen, daz sie den einen gewarnt, Rp. 1449. 8, 11.

hundert war es geraten, jeden Verkehr mit solchen Teufels-
künstlern bei Leibesstrafe zu untersagen. 1515 heilst man einen
Bürger „seins gasts so mit einer Parillen verpotten hendel und
Zauberey treibt, mülsig zu steen und den verner nicht zu enthalten,
auch weder mit essen, trinken oder andern sachen ganz kain
gemeinschafft zehaben."[9])

Als Begünstiger werden endlich diejenigen erklärt, welche für
die Verurteilten (Verbannten) Fürbitte einlegen, der Stadt deshalb
einen Fehdebrief zusenden oder sonstwie die Befreiung des Gefangenen zu ermöglichen streben. Leistet einer bösen Hauswirten
und Verschwendern in ihrem Luxus und Schwelgen Vorschub, so
wird ihm keine Pfändung wider diese eingeräumt.[10])

Überall ist natürlich die „Wissentlichkeit" Voraussetzung zur
strafwürdigen Unterstützung; um sich von solchem Verdachte zu
lösen, leistet der Bürger den Reinigungseid.

Man sieht, der Rat versteht es — sich der Unvollkommenheit
seines Sicherheitswesens bewulst —. nicht nur durch Ver-
sprechungen, — denn hohe Belohnung winkt zuweilen dem Ergreifer
eines Missetäters —, sondern auch durch Drohungen die Seinen
zu energischer Beihilfe anzueifern.

II. Die Strafe.

Einleitung.

Weilt das älteste Achtbuch noch zahlreiche Fälle auf. in
denen trotz Vorliegens der schwersten Verbrechen die Schuldigen
in Folge Vereinbarung mit Rat und Klägern durch Selbstverbannung
der Richtung entschlüpfen. so sehen sich diese Sühnevergleiche im
14. Jahrhundert auf den Bereich der Fehdedelikte beschränkt.
Sonst dominiert bei Missetaten die Kapitalstrafe und, sofern der
Täter ein Bürger, die Einmauerung. Bei geringerer Vergehung
ist Bulse häufig alternativ mit schärferer Ahndung angedroht,
woraus eine bedeutende Begünstigung des Vermöglichen ressultiert;
daneben erfreut sich die Stadtverweisung der grölsten Beliebtheit

------

[9]) PO. 1648; Md. 1696; Rtb. X, 418 StA.

[10]) PO. 42; Md. 1561: wer für in bitt, der sol daz recht haben, daz er
da hat, AB. Lochner, 124.

Von Verstümmelungs- und Ehrenstrafen sehen wir sie geleitet, welche — wie die peinlichen Strafen überhaupt — in der Folge immer mehr Opfer heischen.

Gegen Mitte des 15. Jahrhunderts entschließt man sich bei minder bedenklichen Reaten — und zwar vorerst als Korrektiv Einheimischen gegenüber — zur Verhängung der Gefängnisstrafe, welche — sich in der Folge in verschiedne Gattungen verzweigend — die Stadtverweisung allmählig zu verdrängen versteht. Das von nicht geringer Zuversicht beseelte Bestreben, sich schädlicher Subjekte in großer Zahl auf wenig kostspielige Weise durch Lieferung auf die Galeere zu enthalsen, wird nur zu bald aus finanziellen Gründen in seinen Erwartungen getäuscht. Zu Ausgang des nächsten Jahrhunderts endlich zeigt sich ein seltsamer Kontrast: Während dank dem Einfluß der Karolina hinsichtlich des Ausspruchs von peinlichen Strafen systematische, exorbitante Strenge sich kundgibt und — neben hervorragender Beachtung des Willensmoments — Delikte, welche vordem fast straflos blieben, wie Kindstötung, furchtbarste Ahndung erfahren, gelangen Totschläge im Landgebiet noch durch „liebliche" Richtung, d. h. durch Taidigung mit der klägerischen Sippe, zum vollgiltigen Austrag.

Indem im Übrigen gelegentlich der Besprechung der einzelnen Strafmittel auch ihre historische Entwicklung berücksichtigt ist, erscheint es hier zweckdienlich, zu prüfen, inwiefern die Talionsidee — das Prinzip der Wiedervergeltung, welches ja, so zweifelhaft seine Berechtigung, sich selbst in unsrer Zeit noch großen Einflusses zu rühmen vermag — im alten Nürnberger Recht Verwirklichung erhält.

Vor allem findet die Talion bei den Hauptdelikten Ausdruck, wie — wenigstens später — der Totschläger dem Tod an sich, der Brenner der Vernichtung durch Feuer anheimfällt. Auch der Verlust der Schwurhand bei Meineid, der Zunge bei Gotteslästerung streift nahe an dieses Prinzip. Dem mosaischen Spruche „Aug um Aug, Zahn um Zahn" entsprechen indes vornehmlich einige prägnante Sätze, welche die Ahndung von Leibesverletzungen und Verleumdungen betreffen und zugleich die hinsichtlich ihrer noch im 16. Jahrhundert geltende Rechtsanschauung illustrieren.

In den PO. heißt es: „So aber yemant dem andern einen vinger oder zehen oder ein oder mer gelide an einem oder mer fingern oder zehen abslüge oder yemand ein hand, ein arm, ein

fufs oder ein payn gantz abgehauen oder ein aug verderbt wurde,
dem oder denselben tettern, die yemant dermafsen beschedigten,
wil ein rath dergleichen glider, finger, zehen. hende, arm, fufs,
payn oder augen irs leibs. wie sie dann die iren widersachern
abgeschlagen oder verderbt hetten. auch abhauen oder verderben
lassen."

So furchtbar diese Drohung ihrem Tenor nach, so selten sollte
sie sich in der Praxis verwirklichen. Salvieren sich doch die
Stadtväter selbst durch den milderen Nachsatz: „Doch will ein
rath oder die fünff herrn in solche hendel sehen und solichs nach
irer erkantnus, nachdem sie solche beschedigung geverlich oder
ungeverlich beschehen erfunden, mefsigen." [1] Viel mehr war man
geneigt, die Hand, womit der Friedbruch verübt ward, als Opfer
zu verlangen und zwar zumeist nur dann, sofern die alternativ
ausgesprochene Geldbufse nicht erlegt werden konnte — analog
dem blutigen Refrain gar mancher Verordnung: Hat er der Heller
nit, man slegt im abe die hant![2] Besonders drastisch bekundet
diesen Grundsatz das alte Statut: „Wer einen Ableib begeht."
Wird er darüber begriffen und vermag er sich nicht durch Geld
zu lösen: „so soll man ihn in einen Thurn setzen auf einen Tram
und ihm ein Heller Brod geben in die Hand und — soll ihn lassen
sitzen!"[3]

Ist dieses — ohnehin nur für Bürger geltende — Gesetz wohl
nie in solcher Weise zur Anwendung gelangt, so wurde bei Verletzung auf Abschlagung der Hand fast ausnahmslos nur dann
erkannt, sofern der Bruch eines höhern Friedens, wie Verübung
in der Muntat (im Rathaus, vor Gericht), oder die Offenbarung
einer hochverräterischen Gesinnung hinzutrat.[4] Auch riskierte bei
solchem Frevel der Gast leichter die Hand, als der Bürger.

Bereits bei der Notwehr ist einer Urfehde des a. AB. gedacht, laut deren der Freigelassene gelobt, weder schädliche Waffen
noch Wehr zu tragen: „wer auch ob er deheinen burger stechen
oder slaben wölte, weret sich der wider in und slebt in ze tode,
der ist nieman niht bezzerung darumb schuldik." Auf die geringste
Bedrohung hin ist also der andre zum Äufsersten befugt.[5]

Im Weiterlesen nun gewahren wir, dafs in der Urfehde eine

---

[1] PO. 46.   [2] PO. 38, 35.   [3] Ann. 1860.   [4] s. Muntat.
[5] AB. 1, 15, 1328.   .

Talion schlummert. Am Schlusse heifst es nämlich, es solle bei Übertretung irgend eines Teils des Gelöbnisses dem Schwörenden ewige Turmstrafe beschieden sein. Dieser „Einmauerung" aber verfällt der Bürger nur bei Begehung eines todeswürdigen Verbrechens. Da hier Messertragen untersagt ist, so haben wir wohl einen an der Tat ergriffenen Totschläger vor uns, dem man aus irgend welchen Motiven Gnade angedeihen läfst und auf seine Besserungsfähigkeit bauend die Rückkehr zur Freiheit verstattet. Erweist er sich indefs als gemeingefährlich, so ist der von ihm Angefallene nicht nur ihn behufs Einkerkerung auszuliefern berechtigt, er vermag auch sofort Wiedervergeltung an ihm zu üben für die an einem andern begangene Tötung. Während sonst Notwehr an sich nicht von Leistung des Wergelds befreit, ist hier ausdrücklich die Verpflichtung zur Besserung an die gegnerische Sippe negiert.

Ebenso soll, wer falsche Anklage erhebt, bei Mifslingen des Schuldnachweises die Sühne des Verbrechens erdulden, das den Vorwurf zur verleumderischen Bezichtigung bildete. Als 1529 H. Linck seine Schwieger ungerechtfertigt eines schweren Deliktes anklagt und ihre peinliche Befragung veranlafst, erklären die Hochgelehrten: „so sey er eben der straff würdig, die die Frau hett leiden sollen, so sie schuldig befunden wehre worden."[6] Des Öftern trifft man aufserdem das Erkenntnis, wonach der falsche Kläger dieselbe Zeitdauer hindurch im Gefängnis schmachten mufs. als der von ihm Beschuldigte vordem, und obendrein Schadensersatz zu leisten hat.[7]

In den früheren Urteilen sehen wir nicht selten die Schädlichkeit und zumal bei Diebstahl die Unverbesserlichkeit des Delinquenten als Richtungsgrund verzeichnet,[8] des Besserungszweckes der Strafe an sich ist bei Leibes- und Freiheitsstrafen, wie bei Verweisung nur nebensächlich gedacht. Erst später wird durch die Springerstrafe, wie den Zwang zur öffentlichen Arbeit tat-

---

[6] Rtschlb. Sim. Clltv., 882.

[7] d. pawrn vf vrfed ledigl. und sein widerteil an sein stat Ins loch legen, darinne zu liegen so lang der vorder darin gelegen, und die Atzung für den bezalen, Rp. 1458, 3, 12: Rtschlb. XLIX, 420.

[8] öfter gestolen, kein pesserung zu erwarten, hinzurichten, Rtschlb. XIV, 177: so schädlich, dafs man billicher richte, HGB. 1, 38, 55: wenn man s. Jugend bedenkt, zu bessern, da aber n. s. Aussage eingewurzelter Dieb, Strang, Rtschlb. XLIX, 24.

4*

sächlich auf eine emendatio morum hingewirkt. Einen religiösen
Standpunkt finden wir hie und da in den Gutachten der Konsulenten
vertreten, indem sie bei Vorliegen von Ehebruch und Gotteslästerung
die Besorgnis aussprechen, es möchte die Republik bei nicht
energischer Abndung derselben den Zorn und die Rache Gottes
heraufbeschwören.[9]) Dem Utilitätsprinzip huldigt ferner der Rat,
wenn er Missetäter auf die Galeere sendet, um den Staat nicht
nur auf billige Weise von gemeingefährlichen Individuen zu be-
freien, sondern auch die Ausnützung ihrer Kräfte im Kriege wider
den Erbfeind zu ermöglichen. Ist der Abschreckungstheorie endlich
angesichts der Vollzugsart der Richtungen, Leibes- und Ehrenstrafen
von jeher eine nicht unbedeutende Rolle zugesprochen, so ist der
Abschreckungszweck der Strafe erst seit der letzten HGO. (1526)
in der Schlußformel des Schöffenurteils hervorgehoben.[10]) In an-
spruchsvoller Weise dominiert die Theorie nach Publikation der
PGO., seit dem 17. Jahrhundert zu häßlichen Verirrungen — ich
erwähne nur das Aufnageln der Köpfe der Kindsmörderinnen auf
das Hochgericht — Veranlassung bietend.[11])

A. Die einzelnen Straf-Mittel.

1. Die Todesstrafen.

Enthaupten. Die poena capitis oder Strafe des Halses, das
„scharfe" Richten, das Richten mit blutiger Hand. In den Nürnberger Quellen außerdem: Mit dem Schwert zu Tode richten,
kopfen, decolliren. Kopfs kürzer (oder länger) machen, den Kopf
vor die Füße (zwischen die Beine) legen, den Kopf abmutzen.
Nach der 1. HGO. bildet es die reguläre Sühne für den Räuber;
sonst ist das Scharfrichten Norm bei Totschlag, Landfriedbruch,
Verrat, bei schweren Unzuchtsdelikten, wie Notzucht und Inzest,
bei Blasphemie. Ferner wird es bei an sich nicht der Todesstrafe unterworfnen Delikten — sei es, daß es sich um besonders rohe, raffinierte Ausführung, sei es, daß es sich um
Rückfall, Konkurrenz (Urfehdbruch) und dergl. handelt — exe-

_____

[9]) Rtschlb. XLIX, 348; Rtb. X, 195, StA.   [10] Verfahren, 549, (157).
[11] Rtschlb. LXI, 155; Über das sonst geltende Weltrechtsprinzip s. Verfahren, 499, (107); Dieb, welcher zu Frankfurt und Würzburg gestohlen,
Ruthen, ewig über die Donau, Haderb. I, 1488—96, 78; des diebs wegen zu
wynn, passaw und Regensprug sein dieberey zu schreiben dorts, begangen,
Rp. 1471, 4, 1, s. auch d. Vollmachten im HGB.

kutiert. Endlich verdrängt es die ursprünglich normierte schwere
Richtungsart, sofern die Konsulenten einer mildern Anschauung
den Sieg gewähren, oder in Folge von Fürbitten vor oder nach
der Absagung des Lebens eine Strafumwandlung platz greift, wenn
auch nur insoweit, dafs z. B. bei Ausspruch des Feuertods die
Verbrennung erst am Enthaupteten vollzogen wird. Häufig begnadigt man zum Strang verurteilte Diebe zum Schwert, nicht
deshalb, weil hier die Erlösung des Armen eine raschere — denn
Mifslingen des Streichs zählt nicht zu den Seltenheiten — sondern
weil die Enthauptung als „ehrliche" Todesstrafe gilt, die weder
Fürst noch Ritter zur Schande gereicht. Darum ist sie auch für
diese die - - allerdings nicht unumstöfslich feststehende - - Richtungsart. Weibern gegenüber kommt das Köpfen erst nach Abschaffung
des Ertränkens, d. h. im Jahre 1580 — dank dem Meister Franz —
in Gebrauch. Zuweilen trifft man es in Verbindung mit Abschlagung
der Hand (bei Gatten- und Kinds-Mord) oder mit Abschneidung
der Zunge (bei Gotteslästerung). Der Arme wird meist knieend
— mit verbundnen Augen — gerichtet, Weiber und Kranke im
Sitzen. Dem Nachrichter bietet sich hier erwünschte Gelegenheit,
seine Kunst zu entfalten. Ist es schon rühmenswert, den Stehenden
„kopfs länger" zu machen, so desto mehr, gleichzeitig die erhobnen
Hände vom Rumpfe zu trennen, oder gar zwei Missetäter zu köpfen
mit einem Streich „das das swert gleich hindurch snurret, das in
jeglichs lobet".[1]) Fällt hiegegen die Richtung „unredlich, ungerecht"
aus, d. h. mifslingt dieselbe anläfslich unbeholfner Handhabung
des Schwerts, so geizt der rohe Pöbel freilich auch nicht mit
Schmähungen und Steinwürfen, worauf der Rat den Meister in
das Loch steckt oder „urlaubt".

Hängen. Die poena suspendii, suspensionis des a. AB, das
Richten ane blutige hand der I. HGO, das bahen, hohen, derhängen,
hencken zw tod, hängen an den liechten galgen. Die Sühne des
Diebstahls und verwandter Delikte: „Dem Dieb nit ist besser, als
an dem Galgen!" Ob des heimlichen, hinterlistigen Charakters
seiner Tat soll durch die Vollzugsart der Strafe seine Schande
dem Volke möglichst kundbar werden und bleiben. So dient er
vordem der Bluteiche, welche die Heerstrafse überschattet, als
traurige Zierde. Ruhelos, des Friedens unter der Erde beraubt,

___

[1]) Hegel, Stchr. 5, 690; Coll. 1645 Stbibl.

den Launen der Winde preisgegeben. soll er „in der Luft reiten", sein Körper zerfallen und diebischer Raben Beute werden. Dem geächteten „Waldgänger" ähnlich, der sich dem friedlosen Wolfe beigesellt, wird er — und zwar für immer -- in Unfrieden gesetzt; daher zuweilen der Brauch, neben ihm einen Wolf am Schweife aufzuknüpfen, dem die Nürnberger — wohl der Schwierigkeit wegen, eines solchen habhaft zu werden — den noch verächtlicheren Hund substituiren. Erzdiebe und Juden hängt man an den nördlichsten, obersten, äufsersten Balken (die sog. Judenspitze, „dem darzu verordneten Palcken") und stülpt ihnen ein Hütlein heifsen Pechs über den Kopf.[2])

Als Exekutionsmittel dient anfangs die zusammengewundene Weidenrute (die wide), an deren Stelle der Hanfstrang und die Eisenkette treten. Wegen des häufigen unredlichen Richtens mit letzterer, ergeht 1471 an den Nachrichter das Gebot „fürbas ein Strick zu der ketten zu halten".[3]) Bald darauf verschwindet diese völlig aus den Urteilen; ist ja auch beim Strang keineswegs allzu rasche Zuschnürung der Kehle zu besorgen. Meist exekutiert der Löwe das Hängen, wobei er sich ebenfalls zu Kunstleistungen versteigt. Reifsen des Strickes erwirkt ebensowenig Begnadigung, als das Mifslingen des Schwertstreichs.[4]) Die Formel lautet ausdrücklich: „Hängen zum Tod"; der Herabgefallene wird erbarmungslos wieder aufgeknüpft.

Abgesehen von Dieben hängt man auch Wegelagerer und andre bei Streifzügen aufgegriffene Strolche und zwar ev. - nach kurzem Prozefs und Stofsgebet — an den nächsten besten Ast. Vordem wurden auch Weiber zum Strang verurteilt oder wenigstens unter Androhung desselben verbannt, bis — propter pudorem — das schreckliche Lebendigbegraben alleinherrschend wird. 1584 knüpft man indefs noch zwei Dirnen auf.[5]) Mit Nebenstrafen ist

[2]) hahen, hohen zu tod, HGB. 1, 68, 6; soll man aber sie richten mit der wide ane urteil, 1321, Extr. aus etl. Achtb.: alls ein Jude aufserhalb des Galgens an einem sondern darzu verordnetem Palcken, AB. 1588-93, 139; pechhäublein, Hegel, 4, 285.

[3]) den zuchtiger zu rede halten von des erhangen, den er vbel gericht mit der ketten; dem z. zu sagen, fürbas ein Strick zu der ketten zu haben und die Armen bald zum tode hin zu richten, Rp. 1471, 4, 2 n. 3.

[4]) zwier gehangen, den der Strick gieng entzwey, Stark, 1525, Ann. 1525.

[5]) bernerin propter Incendium ejecta perpetuo, vel quod suspendetur,

es selten vereinigt; sehr oft weicht es dem „ehrlichen" Schwert.
So kommt es Rittern und Patriziern gegenüber nur in Folge ganz
verachtungswürdigen Gebahrens zur Anwendung. 1552 wird den
Kriegshauptleuten — „damit den knechten ein forcht werde" —
verstattet, innerhalb der Mauern einen Galgen zu errichten; seit
1691, heifst es, wurden Soldaten überhaupt nicht mehr an den
Galgen gehängt.[6])

Das Erwürgen, bezw. Garottieren am Pfahl, wird einem Sodo-
miten und einer Hexe vor dem Verbrennen aus Gnaden zu Teil;
ebenso soll ein Losungsbeamter, welcher im Beisein von Schöffen
dem Nachrichter eine Maulschelle applizierte, ohne Urtheil stran-
guliert worden sein.[7])

Rädern. Die poena rotationis ad ultimum supplicium und
crurifragio, das Radebrechen. In der I. HGO. Strafe des Mörders,
ist sie in der II. als solche verschärft durch Ausschleifung. N. E.
d. Kar. wird es auch Norm für Strafsenräuber und Zigeuner. Es
geht zuweilen — bei Vater- und Gatten-Mord - - Zangenreifsen
oder Handabschlagen voraus.

Angesichts der Gröfse und langen Dauer der Marter ist dies
neben der Verbrennung, bei der indefs meist bald der Erstickungs-
tod eintritt, wohl die grausamste Strafe. Die Exekution erfolgt
von oben oder von unten durch „Zerstofsung der Glieder", d. h.
durch Stöfse mit den Radkanten auf Arme, Beine, Brust, Rücken
und den Gnadenstofs auf das Genick oder das Herz. Bisweilen
wird befohlen, vor letzterem einige Glieder abzustofsen. Die Zahl
der Schläge bemifst sich nach der Schwere des Verbrechens; man
liest vierzig. Der Arme wird hierauf (bei der Richtung von unten
noch lebend) auf das Rad geflochten (über sich gehoben). Dies
widerfährt auch dem — in mildern Fällen — vorher Enthaupteten.
während der Verräter ev. die Vierteilung zu gewärtigen hat.[8])

Gerdrudis deprehensa in furto perpetuo sub hac forma, quod suspendetur.
AB. I, 9, 8.

6) Rtb. XXVI, 294, 1552; Waldau, N. B. 1, 268; zu erhaltung der iusticien
weil man schon ein Galgen aufgericht, zulassen ain Schultheissen zu setzen,
Rtb. XXVI, 800; Mfzb. 74, 1691 Stbibl.; a. d. G. auf dem SM. niemand gehenkt, endlich durch einen Weinführer umgefahren. Stund etwa sonst noch,
Ann., 1552, 1559.

7) Coll., 1654 Stbibl.; Mfzb. 1659, 1668.

8) AB. 1, 14; Arm und Bein abgestofsen, Jud erstlich zwei Glied,
M. Franz Tageb. 1588, 1598; dem Nachrichter beuelhen lne dem nechsten auf

Verbrennen. Crematio in igne oder poena cremationis, das mit fewer prennen zw tod. Die Sühne der Brenner (Talion), Fälscher, Ketzer und Zauberer. So wird es auch an zwei toten Zauberinnen vollführt, wogegen ein wirklicher Hexenbrand. d. h. die lebendige Einäscherung einer Hexe, für Nürnberg nicht völlig nachweisbar ist. Aufserdem wird auf das Feuer bei schweren Sittlichkeitsdelikten erkannt, woneben es die gewöhnliche Richtungsart für Selbstmörder ist, insbesondere dann, wenn die Entleibung während der Inquisition im Lochgefängnis betätigt wurde. Endlich verfallen dem Feuertod solche, welche als Feinde der Stadt durch Mord und Brand viel Schaden zugefügt, wie Schüttensamen. Auch den Knecht desselben, der sich durch das betrügliche Vorgeben, seinen Herrn erschossen zu haben, den ausgesetzten Preis erschwindelte, trifft das gleiche Loos. Häufig wird der Verurteilte vorher enthauptet oder, wie eine Zauberin, erwürgt.

Der Todeskandidat sitzt oder steht an den Pfahl gebunden auf dem Holzstofs (der Hurd). Die Corpora delicti, wie Safran, werden bei Fälschung gleichzeitig verbrannt, ein Sodomit auf dem Pferde. Der Richtungsplatz ist vor dem Rabenstein; Selbstmörder verbrennt man auf der Wegscheide oder auf freiem Felde. Die Asche zerstiebt friedlos in die Winde.

Das Inölsieden eines Muttermörders (1392) ist zu wenig verbürgt.[9])

Lebendigbegraben. Das „Grab" des ä. AB, das „Zuvergraben zu tod". Diese Strafe — älter als Tacitus — wird. wie erwähnt, den Weibern an Stelle des Stranges zuerkannt. Sie entzieht zwar ebenfalls das ehrliche Begräbnis, doch wird die Missetäterin nicht der Schaulust preisgegeben, sondern mit ihrer Schmach vor der Welt für immer verborgen. Wohl auch der raschern

---

das hertz zustofsen und mit der marter nicht lang aufzuhalten. Rtb. XXXVI, 171: schreckl. Exek., Stark 1612; dem Nrichter beuelhen noch heut ain Rad machen zulassen mit anzaig, das man den Armen mit dem Schwerdt Richten und dann erst darauff legen werde, doch das ers ln gebaym halt, Rtb. XXV, 142.

[9]) AB. I, 6, HGB. 1, 18, 58, 77: Schüttensamen, Mfzb. 1479; Ann. 1486; Ann. 1392: dem zuchtiger fur strick und hantschuch und für kyn, Swefel, Stro und holtzz dan man lr drey verprant wolt haben. StR. 1469, 180: verbrennete man den Hagenbach also todt, den er war erstochen worden, Stark 1396: s. Kirchenstr.

Erlösung wegen stöfst man ihr den Pfahl durch das Herz; bei
Gattenmord und sonstigen schweren Verbrechen liest man Schärfung
durch Zangenreifsen. Zumeist liegt Diebstahl oder Kindsmord
vor. Die Richtung erfolgt im Hochgericht selbst, worauf die Verscharrung der Toten an andrer Stelle betätigt wird. 1513, als
sich die „Schellen Clausen tochter so hart gewüst, dafs sie die
haut an händen und fülsen so sehr aufgerissen, dafs sie dem
nachrichter erbarmet," weigert sich dieser fernerhin, einem der-
artigen Urteil nachzukommen, worauf 1515 der Rat „in ansehung
was grausamlichen tods das lebendig vergraben der weibspersonen,
das auch soliche pen des tods an wenig orten im heiligen reich
fürgenomen wirdet" das Ertränken einführt. Abgesehen hievon
sollen Notzüchter nach altem Statut diese Strafe erdulden, doch
findet sich hier stets das Schwert.[10])

Ertränken. Die poena sacci et submersionis in Bacco (das
caeno ac palude mergere des Tacitus), das zu Tod Ertränken
(Erdrencken), bildet 1515—1580 die reguläre Sühne der Weiber.
Gesetzlich steht es sodann auf Bigamie und wird diesfalls sehr
oft an Männern vollstreckt, exzeptionell bei Verführung. Bei
Gattenmord trifft man die übliche Schärfung. Es steht dem
Charakter nach dem Vergraben gleich und ist nicht minder grausam;
kann ja in Nürnberg von der „Bequemlichkeit", d. h. der richtigen
Tiefe des Wassers, kaum die Rede sein. Die Richtung vermag
daher nicht, wie in andern Städten, durch Hinabstolsen von der
Brücke -- wobei Rettung nicht ausgeschlossen — vollführt zu werden,
sondern der die Delinquentin enthaltende Sack wird so lange, bis
sich kein Lebenszeichen mehr kundgibt, unter das Wasser gedrückt.
1574 bricht dem Löwen die Stange, worauf „die Arm wider uber
sich geschwumen und sehr geschryen auch schier drey virtlstund
unter dem Wasser gelebt". Ein Verführer und ein Bigamist
kommen nach der Exekution wieder zum Bewulstsein und entgehen
weiterer Bestrafung. Vielleicht verursachte eben die Unbequem-
lichkeit der Pegnitz, dafs man so hartnäckig am Lebendigbegraben
festhielt.

--- ----------

[10) Ela Vasenbeutelein ewig bey dem Grab, Extr. etl. Achtb., 1847;
Cristina mit einer dieberey so schedlich, in forma des geprauchs zuuer-
graben zu tod. HGB. I. 33: Mfzb. 1502: Rtb. X. 858. 1515; Siebenkees,
Mater. 2, 599.

Wie bei diesem, so erwirkt auch dort der Nachrichter (1580)
die Abschaffung. Einige vom Rat wünschten freilich die Schwertstrafe vermieden zu sehen: „in betracht das die weibspersonen
aus plödigkeit zur erden sinken und den nachrichter verkürzen
würden, der sie alsdann auf der erde zermetzeln müsse." Die
Konsulenten huldigen hiegegen der Ansicht: „daz ertrenken were
ein hartter Todt vnd doch weniger abscheulicher dann mit dem
schwert, dann mit dem ertrenkhen sehe man der Persohn nit vnter
augen, wie sie sich bils an das ende verhielt, dargegen könndt
mans in dem andern falle und dest mehr ein Exempel sehen."
Es ist ihnen also das Ertränken nicht „abscheulich" genug!
Kirchlich Gesinnte unter ihnen verlangen sodann die Abschaffung
„ad vitandam desperationem, ne anima simul cum corpore pereat:
dieweil der bölse gaist sonsten gern sein geferth im Wasser pflegt
zue haben." Endlich gibt im fraglichen Fall den Ausschlag „die
kälte des wassers und das die pegnitz sehr überfroren."[11])

Vierteilen. Die Strafe der Verräter, nur selten und dann
zumeist am Enthaupteten oder Geräderten vollzogen. Wie bei
andern schweren Richtungsarten wird der Arme zum Rabenstein
geschleift. 1588 hat man, die stuck (vier Teile) vor den Thoren
ungeferlich in der weite als daz Hallsgericht dels Galgens steht
aufhengen, den kopf aber an einer stangen uber die maurn hinaus-
stecken lassen." 1504 geraten die Nürnberger wegen eines Gevier-
teilten in Streit mit dem Markgrafen „weilen er diels Wildpret
auf seinem Grund und Boden icht litte, sondern selbige (die
Stangen) abhauen licfse."[12])

[11) Hell de Eger perpetuo sub pena sacci et submersionis, Ditel llsung
sub pena submersionis in Baooo, AB. I, 20, 21, 18; Bigamus v. Hall, Rtb. I,
215; Rtschlb. XXXIV, 155, XLVII, 199, M. Franz Tageb. 1580; Nachrichter
ansagen heynt Abendt die Prucken auff der hallerwiesen In die Pegnitz zu-
richten, In achtung zu haben, das das wasser des orts die rechte tieffe hab,
Rtb. XXV, 3; Schwentterin bei dreiviertl einer stundt im Wasser gelegen,
HGB. I, 151; Nahartin ins Wasser geworffen und durch den Lewen mit der
stangen unterdruckt worden, Ist Ime ein stang abgebrochen, die Arm wider
über sich geschwumen und sehr geschryen, auch schier dreiviertl stund unter
dem wasser gelebt, HGB. II, 60; begrub man lebendig ein frawen, man hat
sie vor etl. zeit in den Rein geworfen und sie kam wieder lebendig aus,
man fraget sie, warumb sie nicht ertrank, sie sprach: da hab ich vor vier
mofs weins getrunken, vor dems. wein kunt kain wasser in mich kumen.
Hegel, 5, 614; Siebenkees, Mator. 2, 599; 8, 280.

12) Coll. 1654. Mfzb. 74, 1504 Stbibl.; Rtb. LVI, 178.

Erschiefsen. Nur als militärische Todesstrafe an Stelle des Enthauptens. Die Exekution geschieht in der Regel vor der Stadt. 1603 wurden von vier des Mordes Überwiesenen drei begnadigt unter dem Gebot, an ihrem Genossen das Urteil zu vollziehen.[13])

Nebenstrafen: Pfählen. Zuweilen an Lebendigbegrabnen betätigt, hat der Stofs mit dem spitzigen Holz neben der Schärfung der Strafe wohl auch den Zweck, die Qual des Erstickens zu kürzen. Häufig werden Köpfe und Hände Gerichteter auf Pfähle gesteckt oder durch Nägel am Galgen befestigt, weniger der Beschimpfung, als der Abschreckung wegen, wie nach dem Votum der Konsulenten bei einer Kindsmörderin: wenn man auch das Wasser der Verzweiflung wegen fürchte, so hielten sie es nicht für einen bösen Brauch „dergleichen hailloser weiberköpf auf dem hohen Gericht in Eyfsernen Negeln zu Längerer gedechtnus vnd gröfsern forcht aufstecken zu lassen. Dann solche abscheuliche anblickh auf dem Landt die Bauersmeidt und andre hin und wider gebendte sich darin zu spieglen bewegt."[14])

Zangenreifsen. Das „Ausführen mit glühenden Zangen". Es wird an dem auf den Wagen gebundenen Armen während der Fahrt zum Richtplatz exekutiert. Die Zahl der Griffe (Zwick) beträgt mitunter zehn, wiewohl sich der Nachrichter einmal weigert, mehr als vier vorzunehmen. Für jede der verifizierten Mordtaten ist ein Griff bestimmt. 1588 empfiehlt man dem Meister „die mifstettigen Personen nit schlecht anzudupfen, sondern ernstlich mit der zangen zu greifen, das sie den schmerzen empfinden". In den Städtechroniken wird die Vollstreckung der Strafe an einer Gattenmörderin ausführlich beschrieben und bemerkt, dafs sie nach dem sechsten Griff kein Schmerzgefühl mehr äufserte.[15])

Ausschleifen. Der Verurteilte wird auf eine Ochsenhaut oder Holztrage gebunden und durch Rosse vom Rathaus bis zum Rabenstein geschleift. Diese Nebenstrafe greift nur bei schweren

<hr>

[13] Coll. 1608, Stbibl.

[14] Rtschlb. XLI, 155: ihrem Verdienst nach Lebendtig vnter die erdten vergraben und ihr ein pfal durchs herz schlagen, Rtschlb. XLI, 106,

[15] Seubold an vnterschiedlichen orten drey grif mit ainer glühenden zangen, AB. 1588 -98, 82: mehr als vier Griff ungebräuchl., Siebenkees. Mat. 3, 281: Rtb. XLVI, 88, 260: für jede der verifizierten Mordtaten ein Griff, Rtschlb. XLIX, 575.

Verbrechen platz; auch Weiber sind dann hievor nicht gefeit. Schultern und Haupt werden der Verletzung durch das Pflaster ausgesetzt. Es gilt hiebei als frommes Verdienst, den Kopf des Armen zu heben. 1453 erwähnt der Chronist bei einem Mörder, daß ihm niemand jene Wohltat erweisen wollte. 1480 verweigern die mit dem Ausschleifen betrauten Nachtjäger den Dienst, worauf der Rat das „antasten, schmehen oder vnredlich schelten“ derselben mit Strafe bedroht.[16])

2. Die Leibesstrafen.

a. Verstümmelung.

Handabhauen. Truncatio manus. Hierauf wird vornehmlich in Friedbruchsfällen erkannt; doch ist meist Lösung durch Bufse zulässig. so dafs also bei Verübung solchen Frevels der Vermögliche die Hand nicht so leicht riskiert. Bei Verletzungen in der Muntat freilich versagt man häufig diese Umwandlung. Bei Mordversuch und Totschlag (im Zorn) wird es später ausnahmsweise ausgesprochen; bei Mord tritt es in Verbindung mit der Schwertstrafe auf. Es gilt für milder, als Zangenreifsen. Das Abschlagen der Schwurfinger oder ihrer vordern Glieder steht auf Meineid und Urfehdbruch. Es ist wohl fast immer die Rechte, welche der Frevler zu opfern hat. Abgesehen davon, dafs dextra sehr oft als identisch mit manus gebraucht ist, kommt jene an sich schon meist in Betracht, da stets die Hand, welche das Delikt begangen, dasselbe auch sühnen soll, also bei Meineid und tätlichem Friedbruch die rechte. Ist ja auch hiebei bezweckt, den Delinquenten zu jeder weitern Eidesleistung, zur Geltendmachung des Waffenrechts, wie überhaupt zur Vollführung rechtlicher Handlungen und sonstiger Befugnisse des Freien unfähig zu machen. Auf beide Hände erstreckt sich das Urteil nie.[1])

Augenausstechen. Die poena excecationis, das Ausbrechen der Augen, welches, wie mit Recht ein Konsulent äufsert „dann

---

16) Rtb. XXXIX, 282; zu vfslayffung hinfüro ein pferd von Bappenheimern oder dem Rudel hirtten vt gemainer Statt Coston, Rtb. IV, 128, StA.; wolt in niemantz nachtragen lassen, Hegel, 4, 167.

1) Swer der haller niht hat, man sleht im abe die hant, PO. 10, 35, 85, 38, 45; Berhtold de Wilstein sententiavit se a civitate sub pena truncationis manus, AB. I, 6, 11, 17, 19, 20, 21, 28 etc.; slug im die rehten hant ab, Hegel, Stchron. 4, 145; s. Meineid.

nit ein geringer straf were, dann kopf abhawen". Es wird sehr oft bei Aufruhr und ähnlichen Delikten gegen die Autorität des Rates, Widerstand gegen die Gerichtsbüttel bei Verhaftung und Pfändung. Verletzung des Nachrichters bei mißlungener Richtung. Ladung vor die Feme und böslichem Austreten, bei Rückfall in Meineid, Falschspiel. Unzucht. Betrug und Diebstahl ausgesprochen. 1515 wegen Vergewaltigung von Gästen durch den Wirt gegen ihn, wie seine Helfer. Die mildere Blendung scheint man in Nürnberg in früherer Zeit kaum zu kennen.[2])

Ohrenabschneiden. Es steht auf größerem oder wiederholtem Diebstahl, außerdem auf Kuppelei. Betrug und Meineid. Eine Urfehdbrecherin verliert das Ohr, da ihr — vermutlich wegen Diebstahls - - die Hand bereits abgeschlagen war. Bei einem besonders raffinierten Betrug tritt es in Verbindung mit Zungenabschneiden. 1409 verbannt man einen Klingenschmied, da er eines andern Weib verleumdete durch die Behauptung, sie habe keine Ohren mehr. Angesichts der damaligen Kopftracht (Stürzen) der Frauen, mittels deren sich solch Makel leicht verhehlen liefs, mochte eine derartige Bezichtigung wohl Gläubige finden.[3])

Zungenabschneiden. Nach dem ä. AB werden mehrere verwiesen. „bey der zungen durch den nakk". Später wird das Abschneiden der Zungenspitze sehr oft Gotteslästerern gegenüber beliebt; einmal zum Vorteil des Delinquenten, welcher früher wegen zu langer Zunge nur unverständlich zu stammeln vermochte. Bei schwerer Blasphemie oder Konkurrenz derselben mit andern Verbrechen geht es der Schwertstrafe vorher oder es wird am Toten vollzogen, wie 1529: „lme auch nachmalen sein Zung hynnden zum Nack herausgerissen V. zu einem zeichen dieser schweren grausamen Tat offenlich aufgesteckt beym stock auf der fleischpruck an einer stangen." d. h. am sog. Ohrenstock, wo zumeist die Verstümmlungsstrafen exekutiert werden.[4])

<hr />

[2] Lea et Ester Iudee sub pena excecationis per duos annos. AB. 1, 5, 4; anf H. R. vrgicht ist der statrichter in Rat erfordert und auf frag desselben erteilt. das demselben R. die augen sollen ausgeprochen werden, Rtb. XIV. 280, StA.; Hegel, 4, 817, 858; 5, 587; Jäger, jur. Magaz. 1, 385; Rtschlb. VII. 5, 1580).

[3] suspensor 1 Pfund hlr. von drein, den er sechs oren absneyt. JR. 1881. 81; snaid man einer hausdirn paid orn ab, hat vil gestoln, Hegel 4, 852. grub man ain grofse diebin lebendig, hat neur ein or, 385; AB. 817, 55, 1409.

[4] der p. nnd der Christein ier gespilen baiden der stat ewiclich verpoten

Nasenabschneiden. Diese Strafe trifft 1347 eine Kupplerin. Sonst spielt es mitunter bei Ehebruch eine Rolle, indem sich hiedurch die beleidigte Ehefrau an der Buhlin des Mannes rächt.[5])

Brandmarken. Das „durch die zene prennen" des ä. AB, worunter ein Durchbrennen der Wangen zu verstehen ist. Späterhin betätigt man es — als erste Weihe zum Feuertod — entweder nur an der Stirne oder zugleich an den Backen und zwar mit „glüenden Nürnberger eisernen Zeichen", d. h. dem städtischen Adler, damit man in der Fremde den Ort der Bestrafung leicht zu konstatieren vermag. Zigeuner brandmarkt man mit dem Bild des Galgens auf den Rücken, ebenso einen Juden, der sich 1682 zum vierten Mal taufen liefs. Als vornehmlich geeignet hiefür sind Betrüger und Fälscher erklärt. daneben ist es Diebinnen und Kupplerinnen zugedacht „damit man sich vor solch Lossen vetteln hütten möge". Endlich wird ausnahmsweise Zauberei und Bigamie, einmal auch Mordversuch durch das heifse Eisen geahndet. Sehr schonend verfährt man gegen Veit Stofs: „man hat nie keinen so lind geprent."

Der Brandmarkung erstanden übrigens später manche Gegner unter den Konsulenten; so war insbesondere der fromme Scheurl der Ansicht „dafs defs menschen angesicht, wölichs nach gottlicher pildnufs erschaffen were, nit belaidigt werden solle".[6])

b. Körperliche Züchtigung.

Sie dominiert als Generalmittel zur summarischen Abwandlung gemeingefährlichen Gelichters, indem man bei der ersten oder wiederholten Ausschaffung Rutenhiebe oder den ausgiebigen Staupenschlag als Denkzettel mit auf die Wanderschaft giebt. Ferner spielt sie eine bedeutsame Rolle bei allen schweren Vergehen, wie (geringem) Diebstahl, Betrug. Urfehdbruch, Blasphemie. falscher

---

dan bei der zungen durch den nakk ob si begriffen werdent, AB. I, 28: dem züchtiger, daz er einem die zungen slitzt, StR. 1892, 29; enthaupt im auch nach malen sein Zung hynnden zum Nack herausgerissen und offenlich auffgesteckt beym stock auff der flaischpruck an einer stangen, HGB. II. 97; Zunge und Ohr, Jäger, jur. Mag. 1, 384.

5) AB. Lochner, 16; s. Ehebruch.

6) der Slufflinne stat verpoten ain jar. wirt sie begriffen, daz man sie durch die zene prennet, AB. I, 21; Jäger, 384; Hegel, 5. 667; s. Fälschung, Kuppelei, Diebstahl; Rtschlb. VI. 18, 1627.

Anschuldigung, Kuppelei und Unzucht. Dazu wird auf sie erkannt im Fall von an sich todeswürdigen Verbrechen, sei es dafs man sich der Sachlage nach zu milderem Vorgehen entschlofs oder „viel pet" für den Schuldigen geschah. Es ist hier Totschlag, Entführung, Bigamie, Notzuchtsversuch, ja selbst Verrat zu nennen, wie vor allem von Kindern und sonstigen Zurechnungsunfähigen verübte schwere Delikte.

Der Lochschilling, welcher eine an den Löwen zu entrichtende Geldbufse im Gefolge hat, und zumeist auch die Auspeitschung werden im Lochgefängnis appliziert. Beschimpfend ist die Strafe des Staupbesens, wie überhaupt jede öffentliche Züchtigung, so z. B., wenn der Verwiesne vom Rathaus aus zum Thor hinausgeschlagen wird. Weibern gegenüber begnügt man sich früher mit Prangerstellen, Anhängung des Lastersteins, der Geige u. s. w.; als aber diese jedes Ansehen verloren, ja von Dirnen unter Spott und Lachen erduldet werden, schreitet man um Mitte des 16. Jahrhunderts auch hier zur harten Rutenstrafe, welche sodann sehr oft auf die beschimpfendste Weise zur Vollführung kommt.[1])

Bezüglich der Exekutierung hängt sehr viel von der Willkür des Züchtigers und Löwen ab; in gravierenden Fällen wird seitens des Rates ausdrücklich erbarmungsloses Vorgehen geboten. So wird ein Stockmeister, der einen Gefangenen absichtlich entschlüpfen liefs, derart gezüchtigt, dafs er Tags darauf stirbt, ebenso wird ein dem Strang verfallener Pfändersknecht bis fast auf den Tod geprügelt. Anderseits verfährt man wieder ungerechtfertigt mild. Jugendliche Delinquenten straft man, sofern sie nicht überhaupt zur Abwandlung ihrer Familie oder dem Schulmeister überantwortet werden, nur selten öffentlich, auch bei Narren und körperlich Kranken vermeidet man dies. Bei letztern verstattet der Rat ev. Aufschub der Ahndung. Nicht minder aber wird die Züchtigung behufs Folterung (welche hier auch bei Jaunern (Zigeunern) von „gutem Effekt" befunden) gegen Kinder verordnet. Einem dreizehnjährigen Dieb bindet man Hände und Füfse, behängt sie mit Steinen und läfst ihn in solcher Spannung 55 Streiche überstehen;

----

[1]) man hauete ihn so hardt, das er den andern tags sturbe, Stark, 1573; hieb man des pfenters knecht, man hat keinen so hart gehauen, wann man wolt in gehangen haben Hegel 5, 657, hieb man des glaser sun mit gerten, das man sorg het er stürb sein, das was die vierd weih zum galgen, 660.

ein gleichaltriges Mädchen bedenkt man mit „Abschlagung zweier guten Schillinge".[2])

Zur Verstümmelung gesellt sie sich häufig; wie jene hat sie nicht selten Verbannung und Ausweisung im Gefolge.

3. Die Freiheits-Strafen.

a. Einmauerung.

Die nahezu einzige in alter Zeit zu Strafzwecken verhängte Gefängnisart. Sich im Fall eines Kapitalverbrechens an Stelle der Todesstrafe die ewige Einkerkerung zu erbitten, gilt als Vorrecht des Bürgers. Dann soll ihn aber „weder gnade noch pet noch kainerlaie sache" zu ledigen vermögen. Begnadigung ist nur zulässig, sofern der Einheimische nicht wegen Verübung einer Missetat, sondern anläßlich seiner Überschuldung eingethürmt ward. Der Rat wird hier jedoch, wenn nicht die Tilgung der Verbindlichkeiten ohnedies die Endigung der Gefangenschaft gebietet, nur im Einverständnis mit den Creditoren auf Freilassung erkennen.[1])

Daß Einmauerung auch bei einfachem Totschlag — wenn auch meist nur im Unvermögensfall und nach Ergreifung auf handhafter Tat — ausgesprochen wird, erweisen Einträge des ä. AB. Ein altes Statut droht hier sogar den Hungertod an: „so soll man ihn in einen Thurm setzen auf einen Tram und ihm ein Heller Brod geben in die Hand und soll ihn lassen sitzen."[2])

Der Verurteilte ist bei Einmauerung der strengsten Art in ein enges Gehäuse eingezwängt, ein vorstehender Balken (Tram)

---

[2]) der Henker war sein Gevatter und haute nicht hart zu, sondern verschonte seiner, Stark, 1658; Rtschlb. VII, 30; nicht Ruten, sonst unredlich, Rtschlb. LXI, 276; Stark 1615; M. Franz, Tageb. S. 127—184: So man hinfüro an Gliedern strafft oder mit Gerten vfs hawtt, So sollen die Büttel die Grofsen paucken vor vnd das Rathawse slahen und rüren, Rtb. IV, 16. 1488, StA.

[1]) PO. 15.

[2]) Ann. 1360; AB. I, 15; Seiz bekannt vor offnem Rath, dafs er in den nächsten zehn Jahren in kein Leithaus gehen soll, auch nicht spielen, wo er das überführt, hat er sich selber geurteilt in den Thurm und soll man ihn. Wasser und Brod geben, diewell er lebt in dem Thurm. Wäre aber dafs er irgend eine Bosheit thäte als Diebstal oder sonst, hat er sich geurteilt, dafs man ihn in einem Sack ertränken soll, AB. Lochner, 121, 1351.

dient ihm als Sitz. Der Einlafs ist vermauert, durch eine fensterartige Lucke der erforderliche Verkehr mit dem Wärter ermöglicht. Die tägliche Brotration wird nur allzu bescheiden sein, was einem langsamen Verkümmern und Verhungern gleichkommt. Wenn nicht von Dunkel umnachtet, ermangelt doch der Eingekerkerte der nötigen Luft und Bewegung und hat, sofern er sich im obern Teil des Thurmes befindet, des Sommers viel Hitze zu erdulden, während er des Winters zu Stein und Bein friert. Hat er einerseits keine Begnadigung zu erhoffen, so entsagt er auch vor dem Betreten seines Verliefses durch Urfehde jeder Möglichkeit des Entrinnens. Einflufsreiche Sippe vermag immerhin manche Erleichterung für den Vermauerten zu erwirken. Nach dem Ableben werden die Mauerstücke. die ihn zeitlich tötend von der Mitwelt schieden, aus dem Kitt gefügt, um den Entseelten in eine noch schmalere Kammer zu zwängen.

Vornehme Patriziernamen entleuchten der Liste dieser Eingemauerten, manch nichtswürdiger Verräter seiner Vaterstadt birgt sich unter ihnen. Aus Acht- und Rats-Buch wird uns zuweilen keinerlei Kunde von dem Verbrechen, das sie verübt; nur ein kurzer Vermerk weist darauf hin, dafs sie in jenem silentium aeternum verdarben und starben.[3])

Öfters wird auch die mildeste Gattung, d. h. die einfache lebenslängliche Einsperrung, verhängt.

Noch gegen Ende des 16. Jahrhunderts kommt die Einmauerung zum Vollzug; hier ist auch eine Begnadigung entgegen dem Tenor das Statuts erwähnt.[4]) Als identisch hiemit erscheint es, wenn der Rat es ausnahmsweise verstattet, dafs sich der Verurteilte im eignen Hause an die Kette schliefsen läfst, ja im

---

3) Rtb. 0, 474 StA.; Rtb. VI, 254; Fremde indefs nur ausnahmsweise: Vögelein der hie gestolen und auf den hals geuangen lag jur. vrfeh und sol auch vermauret werden und beleiben sein lebtag. Alz auch daz die von gunzenhausen versiegelt und brief d. g. h., AB. 817, 1410, 60; H. Newsesser, Rp. 1504, 1, 81; vermauert oder sonst verwart, Haderb. I, 1516—27, 280; hingerichtet, weil nicht zur E. — mangels der Kostenübernahme durch die Freundschaft — geeignet; auch könnte man ihm kein Handwerkszeug anvertrauen, in dem er dann doch hiemit einen Ausbruch versuchen würde, Rtschlb. LXI, 209, 1588.

4) H. Stromer 1554—92; Derrer. Er sollte lebenlang droben ligen. Es ware die sage der ratsherr Derrer, der sein gevatter were Solte das best gethon haben, Stark Chron. 1574.

gemeinsamen Wohnraum eine enge Kemnate zimmern heifst, in
der er bis zum Tode zu bleiben durch feierlichen Urfehdschwur
gelobt.[5])

b. Zeitliche Freiheitsstrafe.

In der Zeit des Keimens und Blühens der Reichsstadt dienten
Gefängnisse vornehmlich zu Untersuchungszwecken, d. h. zur
Detinierung von Verbrechern vor Verurteilung zu Leibes- und Lebens-
strafe oder Verweisung.   Da man auf letztere in geradezu ver-
schwenderischer Weise erkannte — hierin ein völlig ausreichend
Korrektiv erblickend, um die Stadt teils vor Einnistung gemein-
schädlicher Elemente zu wahren, teils von einheimischen gefährlichen
Subjekten reinzufegen — benötigte man der Strafgefängnisse
keineswegs.   Deren Bevölkerung hätte auch angesichts des noch
allzu naiv veranlagten Sicherheitswesens eine zu beträchtliche
Zahl von Stadtorganen zu Wach- und Wartediensten absorbiert,
wie dem Gemeinwesen die Pflicht aufgebürdet, nutzlos grofse
Summen zur Fütterung von Müfsiggängern zu vergeuden.   Auch
bei Tätlichkeiten in ungerechter Fehde war der Thurm — abgesehen von der Einmauerung — meist nur dazu berufen, die zu
einer Besserung (Bufse) Verurteilten bis zur Leistung derselben
zu umschliefsen.   Das Lochgefängnis endlich beherbergte Sträflinge
nur für kurze Dauer und allein bei Vorliegen harmloserer Vergehen, wie Hader und Sammung oder Ungehorsam gegen Rats-
gebote.   Erst später — mit Verengerung des Herrschaftsbereichs
der Stadtverweisung — gestalteten sich verschiedene Gattungen
von Freiheitsentziehung, bei deren Ausspruch auch dem Besserungs-
zweck eine gewichtige Stimme verstattet werden sollte.   Erwies
sich die Behandlungsweise der einzelnen Gefangenen als eine je
nach Stand und Ansehn derselben sehr mannigfaltige, so sprach
auch beim Entscheid der Frage, ob die Detention der sonstigen
bürgerlichen Stellung des Damnifikaten einen ehrenmindernden
Makel auszuprägen geeignschaftet, der Ort der Verbüfsung mit,
bei dessen Wahl wieder die Persönlichkeit des Schuldigen, wie
der Charakter des Delikts den Ausschlag gab.

---

[5]) Götz der sein frau gestochen in seinem haufse in einem besondern
stüblein an vier ketten angelegt worden, Stark Chron. 1612: tötlich verwundet,
in s. Haus bannisiert s. Leben lang, Rtschlb. LXI, 259, 1583; Pasquillant,
Ann. 1588; Rtschlb. XLI, 187.

Als Gefängnisarten sind hervorzuheben:

1. der Thurm,
2. die Eisen,
3. die Prisaunen,
4. das Loch,
5. der Stock,
6. die Springer,
7. das Zuchthaus,
8. das Stadtknechtsstüblein,
9. das Rathaus,
10. das eigne Haus des Delinquenten,
11. besonders erbaute Haftlokale,
12. Laiengefängnisse in Klöstern,
13. das Gefängnis des Eigenherrn,
14. die Findel und das Siechhaus.

Als Thürme kommen hier vor allem der Luginsland, der Wasser- und Fröschthurm in Betracht. Auch von den mit zeitlichem Thurmverhaft Bedachten stellen die Patrizier — worunter mehrere Glieder des Rats — ein stattliches Kontingent. Ebenso schlofs man diese für die Dauer der Inquisition lieber in den Thurm, als in das Lochgefängnis. Auf dem Luginsland, der auf dem Hügel der Burg die Mauerthürme überragend einen weiten Fernblick gewährt, safsen Derrer und der berüchtigte Gülchen, welcher auf dem Schaffot enden sollte. [1]) Als Tetzel des Verrats bezichtigt in der Ratssitzung verhaftet war, brachte man ihn Glock zwei in der Nacht auf verhängtem Wagen zum Luginsland, in dessen oberen Stüblein er arrestiert wurde. Der dort wohnende Stadtknecht mufste — da man Bestechung besorgte — nebst seiner Familie seine Behausung verlassen; zwei Knechte sperrte man zu Tetzel in die Kammer, sechs andere besonders beeidigte hielten unten vor dem Thore Wacht. [2]) Auch für Kriegsgefangene wurde der L. oft als Verwahrer erkoren. Die Flucht aus ihm war weniger leicht zu bewerkstelligen, als aus den andern Thürmen, indem er einerseits unter Aufsicht der Burgwache stand und anderseits ein Herablassen, wie ein Hinaufklimmen aus dem Graben ein tollkühnes Unternehmen war. Das „obere Stüblein" ward bei Tetzel der gröfseren Sicherheit wegen gewählt; es galt aber auch als Vergünstigung. So warf man 1382 einen Gotteslästerer vor der Verbannung auf vier Wochen „unten in den Thurm." [3]) In dem Wasserthurm, welcher beim Siechhaus stand, schmachtete der diebische Kastner Imhof bis zu seiner Richtung. [4])

War auf das „versperrte Kämmerlein" erkannt, so war die Haft, statt im gemeinsamen Raum in einer engen, verschlossenen

---

[1]) Stark Chron. 1608 u. 1616; Soden, Kriegs- und Sittengesch. 1, 58
[2]) Rtb. X, 286.   [3]) AB. 316, 12, 1882.   [4]) Mfzb. 74, Stblbl., 1672.

Keuche zu verbüfsen. Es charakterisiert sich dies als eine vornehmlich gegen Verläumder und Ehebrecher (unter Verurtheilung zu Wasser und Brot) beliebte Verschärfung.[5])

1536 liest man den Eintrag: „auf etlichen Thürmen noch zwey oder drey Stüblein gepaut, darin dj gefangen zur winterszeit vor froſt und leibschaden verhütet werden mögen." Doch muſs immerhin eine ganz respektable Kälte in ihnen regiert haben.[6]) 1377 besteht das ganze Inventar für einen inhaftierten Diebsjungen aus einem Pelz, einer Kotze (Decke) und Stroh.[7]) Daſs indeſs späterhin wenigstens in den geräumigern Gemächern Öfen errichtet wurden, erweist ein Vermerk von 1603, wonach infolge Zertrümmerung eines solchen Wärmespenders ein Eisengitter als Schutzwehr angebracht werden sollte. Aus einem Dekret von 1442 geht die Absicht hervor, die Thurmhäftlinge von einander isoliert zu halten.[8])

Sonst galt der Thurm als mildes Gefängnis; manche erlangten auf die Intervention Einfluſsreicher hin oder wegen Krankheit die Vergünstigung, aus andern Hafträumen auf ihn transferiert zu werden. Dortselbst Erkrankte schaffte man hingegen in die Eisen, einen Steinleidenden in das Stadtknechtsstüblein.[9]) Er war das eigentliche Bürgerverwahr, von Fremden wurden nur die Ritterbürtigen auf ihm detiniert. Eine spätere Klassifikation schied unter den Einheimischen Sträflinge höheren und niederen Standes. Von letztern genieſsen noch das Vorrecht des Thurmverhafts: a) Verheiratete: 1. Handwerker, welche Genannte sind oder zugleich Händler heiſsen, 2. Verleger, wenn sie statthaft (d. h. vom Rat anerkannt), 3. Söhne der Ratsfreunde; b) Ledige: Alle, deren Väter wenigstens den Titel Erbar und Fürnehm besitzen und keiner geringern Profession huldigen.[10]) Rücksichtlich der Delikts-

---

[5]) Haderb. I, 1508—16, 188; Haderb. II, 1462, 19; Rtb. II, 116, StA.

[6]) Rtb. XVIII, 98.   [7]) StR. 1377, 68.   [8]) Rtb. O, 1442, StA.

[9]) fund man das er so kranck were auf Ein Thurn, Rp. 1449, 8, 1; die metzkerin aufs dem thurn In die eysen legen weyl sie schwach Ist, Rp. 1533, 8, 10; (Hexen) „auf ein Turm oder in die Eisen, da sie im Loch In der finstern allein weren, möchten sie vielleicht erst in noch mehr Melancholien gerahten und vom büsen feindt noch schwerer bethört werden, Rtschlb. XLVI, 103; Fürleger seiner krankheit halben am Stain aufs der priſsaun in das Statknechtsstüblein gelegt, Rtb. VIII, 103.

[10]) Ratsverlaſs: Classifikation wegen Verweisung der Sträflinge von geringem Standt in Thurn.

arten rubrizieren unter die Eingethürmten: Ehebrecher, Wucherer, Bankbrecher, Fälscher (Veit Stofs), Pasquillanten, Verläumder, Friedbrecher, Aufrührer, Gotteslästerer u. s. w.

Auf die nicht sofortige Erlegung von Bufsen oder Mifsachtung von Urfehdbestimmungen war zuweilen Thurmstrafe gesetzt, wie der Verbannte ev. mit ihr bedroht wurde für den Fall, dafs er vor Ablauf der Frist unberechtigter Weise zurückkehren sollte. Gleicherweise kam es vor, dafs der Verwiesne entweder vor Verlassen des Stadtgebiets oder nach erlaubter Heimkehr noch eine bestimmte Reihe von Wochen oder Jahren im Thurme schmachten mufste. Auch Einthürmung auf ungewisse Zeit (bis an der burger gnade) wurde ausgesprochen. [11])

Die Eisen — zwei Thürme an der Schuldbrücke, das Männer- und Weiber-Eisen — dienten ihrer ursprünglichen Bestimmung nach als Schuldgefängnisse. [12]) Die in ihnen Inhaftierten waren weniger vornehm, als die Thurmgefangnen; nach erwähntem Schema zählten zu ihnen: 1. Die mit Ehr- und Tugendsam Titulierten, 2. Fremde nicht vorzüglichen Standes, 3. Söhne ehrbarer Väter ohne Profession, 4. Mägde nicht gemeiner Eltern, 5. Barbierer und andere Gesellen, deren Väter nicht Doktoren, Geistliche, Stadtschreiber oder Offiziere. Die Verpflegung in den Eisen scheint indefs besser gewesen zu sein, als im Thurme, da Leidende von dort übersiedelten. 1535 wird sogar über „unmäfsiges Prassen" geklagt und das von den Gefangenen gesammelte Almosen zu Ratshanden genommen. [13]) Das untere Gemach fungierte nämlich als Bettelstock, aus dem die Vorübergehenden um milde Gaben angesprochen werden durften. [14])

Die Prisaunen charakterisierten sich mehr als Aushilfsgefängnisse und bargen hauptsächlich jüngere männliche und weibliche Sträflinge. So wurden 1615/16 vom Luginsland gegen den Frösch-

---

11) zu dem stocke schlahen untz er des schulthaizen und des rates friuntschaft gewinnet, PO. 89; s. Stadtverweisung; in dem turn iazzen ligen biz an der burger gnade, AB. 1, 21, 1885.

12) Männerschuldth. erbaut, 1828, Ann.; die Eisengefängnufs neu erbaut und erweitert, 1594, Ann., Stark Chron.

13) Rtb. XVII, 54, 1585.

14) Else in den weiber schuldthurn geführt und vnten in den Stockh gelegt, darumb sie die vorvbergehenden leute vmb Ihr gut willig Allmosen schreyen und betteln müssen, Stark Chron., 1612.

thurm zu sechs Prisaunen gebaut, welche — wie Schwalbennester
an der Mauer klebend — durch die Buchstaben A—F gekennzeichnet, mit Thüren, Eisen, Gittern und Riegeln wohl verwahrt,
des Winters einen keineswegs beneidenswerten Aufenthaltsort dar-
boten. Wohnlicher gestalteten sich die beiden Prisons, welche
1601 im Rathaus eingerichtet wurden; die Häftlinge genossen
Licht und Wärme, wenn sie auch sonst von jedem Verkehr sorg-
fältig abgeschlossen waren. [15])

Als sehr zweckmäfsig und heilsam erwies sich die Strafe des
Schliefsens in die Springer unter Anhaltung zu öffentlicher
Zwangsarbeit. Viel unnützes Gelichter, wie mancher, der den
Strang des Henkers gestreift, fand hier erspriefsliche Beschäftigung
bei magerer Kost. Die Züchtlinge, welche auf wenige Monate
oder Jahre ad operas publicas verurteilt waren, umschlofs an
Hals und Füfsen je ein Eisenring; auf dem Halseisen stand ein
Reif, der den Kopf umrahmend Glöckchen trug, an den Fufsringen
schleppten sie Kette und Kugel. Sie hiefsen die Springer- oder
Schellen-Buben; während ihrer Ruhezeit hausten sie im Zuchthaus
oder andern Gefängnissen. [16]) Minder gefährliche Streuner und
fahrende Dirnen wurden, ohne dafs man sie in die Springer
schlofs, zu öffentlicher Arbeit verwendet. Selbstverständlich kamen
hierbei jüngere kräftige Leute in Ansatz und vornehmlich Fremde;
Bürgerskinder durften nur auf ausdrücklichen oberherrlichen Befehl
„wegen ihrer Verbrechen" hierzu gezwungen werden. Die Tätigkeit äufserte sich meist als Arbeitsleistungen niedrigster Gattung,
wie Strafsenreinigen, Aufeisen, Sandausführen, Palissadenausbessern,
Weiherausheben. Die Springerbuben sollten von freien Taglöhnern
getrennt gehalten und nur auf „ungewöhnlichen" Plätzen und
Gassen beschäftigt werden. Die Aufsicht führten Stadtschützen.
Der sehr geringe Verdienst wurde auf die Verköstigung ange-

---

15) Siebenkees, Material. 4, 507; 1601 zwei neue Prisaun auf dem
Rathaus 8 schuh weit 18 sch. l. auch mit einem schlot, so die öfen neben-
einander kommen gemacht werden und mufste man in der einen ein fenster
ausbrechen, in der andern hatte es zuvor eins und kommen gedachte fenster
in des Hauswirts hof ob der Küchen, also dafs kein Mensch mit den gefangen reden künnte, S II, L 5, Nr. 56.

16) S II, L 5, Nr. 59; s. a. Wagensell, Comment. succincta, 187, Dannreuther, Nemesis Norica etc.

rechnet; die Annahme von Almosen war gestattet, nicht jedoch offizielles Betteln. [17])

Auch wirkliche Bauten erstehen durch Zwangsarbeit, wie der Bau von Kirchen und Stadtmauern, die Reparierung der Gräben, Schanzen und Aufsenwerke. Gar oft geht der Rat den Baumeister um Anweisung von Arbeiten an. Als dieser 1664 geltend macht, dafs die Wiederherstellung der Bärenschanze durch Taglöhner zu kostspielig sei, wird der Almospfleger beordert, gemeinsam mit dem Profosen täglich nach Thorsperre auf den Gassen und in den Garküchen die Faullenzer und Gartbrüder aufzugreifen, die Männer in das Streunerloch und die Springer, die Weiber in das Spinnhaus zu schaffen und sie des Morgens in die Schanzarbeit zu senden. [18]) Den Bauern soll diese anstatt der Lochstrafe zuerkannt werden. Daneben gesellen sich vom Tod Erbetne, Wildschützen, Diebshelfer, Spieler, Gotteslästerer — darunter neunjährige Knaben — zu der Schaar der Springerbuben.

Die Einsperrung auf dem Rathaus geschah meist interimistisch bei Ratspersonen, deren Schuld zwar wahrscheinlich, jedoch noch nicht mit Evidenz erwiesen war. So detinierte man Tetzel nach der Verhaftung unter Bewachung von zwei Ratsgenossen und zwei Reisigen in der ‚neuen‘, den Ankläger Holtzschuher in der Bauernschöffen-Stube. Jedoch auch Strafgefangene erhielten — in den erwähnten Prisons — Aufnahme. Ein Schneider war 1609 über dreifsig Wochen auf dem Rathaus arrestiert. [19])

Unter den Bezeichnungen: „eins erbern Rats Fronvest und eins Rats (des heiligen Reichs) Gefängnus" ist das Lochgefängnis ‚unter‘ dem Rathaus zu verstehen. [20])

Das Stadtknechtsstüblein war hauptsächlich für junge und kranke Häftlinge ausersehen. Sofern neue Verdachtsmomente gegen sie erstanden oder ihr Leiden sich hob, riskierten sie freilich, wieder in das Loch zurückgeführt zu werden. [21]) Ebenso schaffte

---

[17]) S II, L 5, Nr. 69, 4, 6, 14; Collect. Stadtbibl., 1606, 1608; Mfzb. 1655, 1659; Rtschlb XLIX, 570.

[18]) S II, L 5, Nr. 69, 7, 9, 42.

[19]) Rtb. X, 284; Collect. Stadtbibl. 1609.

[20]) solang in fronvest bis er sie bezahlt, Haderb. I, 1469—88, 55; Rtb XXI, 268, 1548; in des hell. Reichs fanngknus, AB. 1448, 7.

[21]) verwundeten diep beim Statknecht ins loch zeführn und in guetlich zu rede halten, Rp. 1584, 8, 7.

man liederliche Dirnen behufs Besserung zum Stadtknecht; 1530
rieten, wie erwähnt, die Konsulenten, junge Wiedertäuferinnen
zum „Stadtknecht an ein Schellen oder dergleichen Orth zu bringen,
do sie arbeiten köndten und Leuth zu Inen komen möchten, die
sie vnterwiesen".[22]) Es scheinen demnach die Sträflinge beim
Stadtknecht zu Handarbeiten veranlaßt worden zu sein.

Hier ist einer Detentionsart zu gedenken, auf welche mit
Vorliebe in Hadersachen erkannt wurde, nämlich des Schließens
an die Bank. Wegen Beleidigung, Unzucht oder sonstiger geringer Vergebung wurden Weiber für wenige Tage „an ein panck
geschlossen." 1466 sühnten Bruder und Schwester und ebenso
Eheleute wegen wechselseitiger Liebenswürdigkeiten, die Männer
mit dem Lochgefängnis, die Frauen mit der Bank. Sehr oft liest
man auch Bank und Eisen.[23]) So konnten nach der Fünfer-
gerichtssatzung die fragliche Anzahl Tage und Nächte an Bank
und Eisen ‚aus Gnade' mit Geld abgelöst werden.[24]) Wo diese
Haft verbüßt wurde, ist nicht klar ersichtlich; doch scheint nach
obiger Stelle (zum Stadtknecht an ein „schellen") das Stadtknechtsstüblein selbst hiefür verwendet worden zu sein. Der
Thurm kommt nicht in Anbetracht, indem dieser, wie das „kemer-
lein" im Haderbuch genau von der Bank geschieden sind, ebensowenig gemäß des Eintrags von 1466 das Lochgefängnis.

Selbst das eigne Haus des Bürgers vermochte ihm zum
Kerker zu werden. 1533 schloß man einen Stromeir in seiner
Wohnung an die Kette, 1513 ein verrücktes Weib (für siebzehn
Jahre), 1511 eine Kleptomanin. Es geschah dies — sofern es
sich nicht um eine seitens des Rates verhängte Strafe handelte
—- mit dessen Genehmigung auf Veranlassung der nächsten Verwandten. Um das Gefängnis zu markieren, wurde, wie erwähnt,
in der gemeinsamen Stube ev. ein besonderer Käfig gezimmert.
Ebenso verurteilte man mitunter Besserungsfähige nach Ledigung
aus Loch oder Thurm noch zu Hausarrest auf unbestimmte Zeit.
Ausnahmsweise gestattete man auch Gefangenen während der
Feiertage im Kreise ihrer Familie zu verweilen. Bei Inzichtern
war es meist Vorschrift, daß sie bis zum Ausgang ihres Prozesses

---

[22]) Rtschlb. Sim. Cll.v., 889.

[23]) Ehebrecherin, an ein panck und eisen gestrafft, Rtb. XXII, 894;
Haderb. I, 1508—16, 196; Haderb. II, 20; Rp. 1449, 8, 8; Rtb. I, 48.

[24]) Ms. 617.

die Behausung nicht verlassen sollten, oft zum eigenen Vorteil, indem sie so am besten vor einem Überfall durch die Sippe des Getöteten gefeit blieben. [25])

Daneben wird von für den Einzelfall errichteten Haft-lokalen berichtet. Gewöhnlich bildete ein ungeratner Patrizier-oder Bürgersohn die Verursachung hiezu. So wurde auch 1611 P. Volkamer erlaubt, in der Nähe seines Hauses eine Prisaun für den unvernünftigen Sohn zu bauen. [26]) Der Freundschaft machte man dann zuweilen die Auflage, den Ungeratnen zu keiner Arbeit zu zwingen.

Die Laiengefängnisse, welche in einigen Klöstern, wie bei Egydien und in der Karthause, eingerichtet waren, dienten ihrer Bestimmung nach zur Aufnahme von lediglich dem Kloster untergebenen Leuten. Der Rat stand ihnen abhold gegenüber, wohl weil sie sich seiner Überwachung entzogen. [27])

Nicht minder waren die Eigenherrn befugt, ihre „armen" Leute bei geringer Vergehung einzulochen, bei Verbrechen nur bis zur Überantwortung an den Rat. Jedoch wurde es ihnen selbst in Bagatellsachen „verwent", jene auf ihre Kosten in das Stadtgefängnis zu legen. [28])

Zur Unterbringung in der Findel oder im Siechhaus empfehlen die Konsulenten junge Wiedertäuferinnen, Zigeunerinnen und die zwölfjährige Mörderin eines noch jugendlicheren Mädchens. In erstere schafft man auch öfters die Sprößlinge von Ge-richteten. [29])

Das Zucht-, Spinn- oder Werkhaus deckt sich seinem Charakter nach nicht völlig mit dem heutigen Gefängnis gleichen Namens. Ursprünglich nur für schwere Verbrecher errichtet, kam es später auch bei Vergehen zur Anwendung, welche man sonst mit mäfsiger Loch- oder Thurmstrafe zu sühnen pflegte. So

---

[25]) Rtschlb. VII, 178; Rp. 1582, 10, 18; Rtschlb. XLVII, 24; Rtb. II, 215; Inzichter absolviert, aber im Haus verrarrestirt und ihm aufszugehen bey leibsstraff verbotten, Stark Chron. 1612; am Inzichtgericht zulafsen doch dafs er Inmittels In seinem haufs bleibe und aufser defs Gottsdiensts nicht aufsgehe, Rtb. LXII, 812; eine seltsame Bürgschaft (1486) s. Verfahren, 509, (117).

[26]) S II, L 5, Nr. 56, 18; Rtb.K, 165.

[27]) bei den Karthäusern und Schottenm., RtbO, 286 (1448), StA.

[28]) Rtb. II, 81 u. 85, StA.

[29]) Rtschlb. Sim. Cüv. 889; Rtb. XXV, 150; Rtschlb. XLVI, 480.

finden wir unter den Zuchthäuslern Söldner, welche mit knapper
Not dem Erschiefsen entrannen, die Hinrichtung von Kameraden
mit ansehen oder das Spiefsrutenlaufen überstehen mufsten. 1739
bleibt eine zum Tod Verurteilte bis zur Geburt eines Kindes
dortselbst, um dann in's Jenseits befördert zu werden. Daneben
trifft man liederliche Weiber, welche die gesetzliche Bufse nicht
zu erlegen vermochten, wie ja solche, welche unehelich nieder-
kommen, verordnungsgemäfs für einige Zeit in das Spinnhaus
wandern müssen. Ja, Arme, welche die Not zum Betteln zwang,
verfallen bei zweifelhaftem Ruf ohne weitere Prüfung dem gleichen
Loos. [30])

Noch 1798 werden bei der durch die kaiserliche Subdelegation
vorgenommenen Visitation schreiende Mifsstände aufgedeckt. Unter
die Zuchthäusler reihte man Kinder ein, welche bisher unter dem
Bettelvogt stehend wegen Krätze u. dgl. hereingeliefert wurden,
Bauern, deren sich die Herrschaft mit dem Auftrag, jene „hart
zu halten", für einige Zeit entledigt, Söhne und Töchter von Bürgern,
die dem ausdrücklichen Wunsch ihrer Eltern gemäfs in diesen
Räumen kampieren sollten. So liegen sie in zwei Zimmern in
buntem Durcheinander, der raffinierte Verbrecher neben dem
Neuling, harmlose Kinder zwischen verworfnen Dirnen. Halbnackt
kauern sie im feuchtkalten Gemach, die Fenster mit Lumpen
geflickt, die Betten zerfetzt, die Kost und Behandlung erbärmlich
und roh. Um wegen der zahlreichen Todesfälle nicht in Verdacht
zu gerathen, setzt man Schwerkranke vor dem Auslöschen in
Freiheit. Die Konsulenten berücksichtigen allerdings die schreck-
lichen Zustände insofern, als sie Verbrecher selten zur Einsperrung
in das Zuchthaus vorschlagen; doch ressultiert hieraus nichts
anderes, als zu strenge oder zu milde Bestrafung der letztern.
Daneben erläfst der Rat ein Mandat, welches dem Zuchthaus den
infamierenden Charakter abspricht. Dies vermag aber keineswegs
die Volksanschauung zu beeinflussen; auch fürderhin erlangt der
Entlassene nur ausnahmsweise bei einem der städtischen Meister
Aufnahme und Beschäftigung. [31])

Die Tätigkeit der Gefangenen besteht hierselbst in Spinnen,
sowie in Glasschleifen für die Brillenmacher. Gelegentlich der
Revision wird der Verwalter bezichtigt, dafs er in gesundheitlicher,

---

[30]) S. 4., Rentk., 1124.   [31]) S. 4., Rentk., 1942.

wie moralischer Beziehung seine Schützlinge auf unverantwortliche Weise schädige und ihnen hiebei auch noch den kärglichen Verdienst entziehe. Schwangere und stillende Frauen, Kinder und Greise werden erbarmungslos zur Arbeit gezwungen; ein blödsinniger, vom Schlage halb gelähmter Mann mufs mit der einen Hand bis zur Ohnmacht schleifen, eine Mutter kurz nach der Entbindung an vierhundert Gläser die Woche, so dafs sie bald darauf vor Entkräftung stirbt. Beschwerden finden kein Gehör; die Aufsichtsbehörde des Rates weist sie entrüstet zurück: „Wer das Zuchthaus tadelt, tadelt dessen Deputierte!" Der geringe Erwerb verbleibt natürlich nicht den Gefangenen, sondern wird seitens des Verwalters als Entschädigung für die Verpflegung angesehen. [32])

Originell ist eine Eingabe des Brillenhandwerks i. J. 1764: Man solle alle im Loch inhaftierten, nicht zur Richtung qualifizierten Verbrecher, wie sämmtliche arbeitsfähigen Bettler in den Pflegämtern in das Zuchthaus schaffen und zum Glasschleifen verwenden, damit das N. Brillenhandwerk nicht durch die Fürther Konkurrenz erdrückt würde. [33])

Die Gefangenen werden auch, wie vorbemerkt, durch Schanzarbeit ausgenützt und bei schlechter Führung in die Springer geschlossen. Auch sonst ist die Disziplin sehr strenge; wer Tätlichkeiten verübt, mufs den Lochschilling erdulden. Dadurch, dafs die Zuchthausstrafe öfters auf unbestimmte Dauer verhängt wird, soll sie sich als wirkliches Korrektionsmittel bekunden.

1672 wird das (abgebrannte?) Gebäude wiederhergestellt; von dort an scheint dessen regelmäfsige Benützung zu Strafzwecken zu datieren. [34])

Und doch ist das Loos dieser Zuchthäusler im Gegensatz zu dem der Lochgefangenen ein geradezu beneidenswertes zu nennen. Mochte am Ausgang des Mittelalters das Ratsgefängnis im Vergleich zu Burgverliefsen mancher Vorzüge sich rühmen, so dokumentieren Schilderungen aus den letzten Jahren der Reichsstadt den gewissenlosesten Indifferentismus gegen jeglichen Fortschritt.

Wohl nirgends in aller Welt, ruft der verdienstvolle Dr.

[32]) Abdr. des Ger. d. Control. Sörgel Nr. 1/1170, StA.
[33]) Rep. 78 Nr. 18, StA.   [34]) Es lag an der Barfüfserbrücke.

Eichhorn in seinem Gutachten 1799 aus, ist der Zustand der Gefängnisse, die Behandlung der Gefangenen so übel beschaffen, als
in Nürnberg. Als das Allerschrecklichste zeichnet sich aber das
Loch aus. Hier verfährt man gegen jeden ohne Unterschied des
Verbrechens unmenschlich: Eingekerkert in einem gruftigen Keller
ohne genügenden Schutz gegen den Frost und zumeist ohne Licht,
des Winters von athembeengenden Kohlendunst umhaucht, schmachtet
er — womöglich mit seinen schuldlosen Kindern vereint — oft
Jahr um Jahr, jeder menschenwürdigen Pflege beraubt. Beschäftigung oder sonstige Zerstreuung, Trost von Freunden preist
er als seltne Gunst des Glücks. Für den geistig und seelisch
Kranken geschieht nichts zu seiner Heilung, während der Gesunde
durch die Vorzüge dieses Kerkers der Schwermut und dem Stumpf-
sinn verfällt. Dabei die ekelerregende (im Lochgedicht durch
die Bezeichnung „leichenübel" charakterisierte) Verfassung der
engen Keuchen, die des Monats nur ein- oder zweimal geöffnet
und gereinigt werden. Zumal die Untersuchungsgefangenen erdulden das herbste Geschick, da sie zum Teil noch um den Leib
und an den Füfsen in Ketten geschmiedet — ob schuldig oder
nicht — in die hintersten, düstersten Gelasse eingepfercht sind.
Kein Wunder, dafs hie und da längere Haft „loco torturae" mildernd
in Anrechnung kam. [35])

Sonst ist das Lochgefängnis bereits im Verfahren eingehend
besprochen. Von den einzelnen Kammern mag das Kindbett-
stüblein eines der erträglichsten, die Judenprisaun weniger luxuriös
ausgestattet gewesen sein. [36])

Auch hier treffen wir Sträflinge mannigfachster Art. Sehr
oft macht sie nicht der Charakter des Delikts, sondern ihr Stand,
ihre Herkunft zu des Lochwirts Gästen. So zählen hiezu alle
nicht ritterbürtigen Fremden (selbst des Königs Koch), wie die in

---

[35]) S 4, Rentk. 1124; dortselbst auch eine Statistik der Gefangenen incl.
der wahnsinnigen. Die Behandlung letzterer äufserst roh; so wird ein solcher
mit Riemen auf einem Stuhle festgebunden, bis der unvermeidliche Brand
eintritt. Der sehr verdienstvolle Physikus Preu reicht 1802 ein Gutachten
über die Errichtung eines Irrenhauses ein. Über die nicht minder traurigen
Zustände in andern Gefängnissen d. Z. s. Arnim, Bruchstücke über Verbrechen
und Strafen, 1808. Bezgl. des bek. Lochgedichts, Waldau, N. Beitr., 1,
482, s. übr. H. Sachs, Keller, XIV, 249.

[36]) Rp. 1584, 5, 18; s. Verfahren, 88; Mummenhoff, d. Rathaus, 16 fl.

der Stadt beschäftigten auswärtigen Gewerbsgesellen, ferner die Schutzverwandten Nürnbergs, die von gemeinen Eltern stammenden Ehehalten. Bei gemeinsamer Verübung kommt, wie bemerkt, zuweilen die Frau an die Bank, der Mann in das Loch. Auch die aus Thurm oder Eisen Flüchtigen erfreuen sich dort gröfserer Sicherung. Eichhorn führt noch unter den Häftlingen solche auf, welche lediglich im Interesse(!) ihrer Verwandten gegen ein unverhältnismäfsiges Rezeptionsgeld lebenslänglich eingekerkert sind.

Endlich ist noch der Stock zu nennen, welcher bereits in den ältesten Ordnungen als Strafmittel fungiert. Man hat hierunter sowohl die Holzklemme, in welche die Gefangenen „daz sie mit dem leib swebten" gespannt, als auch den Raum ihres Standorts zu verstehen. Daneben bedeutet er, wie in „Bettelstock", lediglich ein Haftlokal. [37])

Noch einiges Erwähnenswerte über die allgemeine Behandlungsweise. Über die Art und Zusammensetzung der Gefängnis-Atzung besitzen wir erst aus der letzten Zeit der Reichsstadt genaue Aufzeichnungen. [38]) In der Regel besorgt der Lochwirt die Verköstigung. Er hat monatlich die Atzungszettel einzureichen und bezieht seit 1509 eine bestimmte Gebühr für den Unterhalt jedes Gefangenen; für den Fall, dafs der Verurteilte die Haftstrafe ganz oder teilweise durch Geld ablösen darf, erhält der Lochhüter keinerlei Ersatz für den Entgang der Verpflegungseinnahme. Vermögliche bestreiten die Atzung selbst, andere stellen bei ihrer Entlassung eine Art Schuldschein aus.

Die ärztliche Pflege läfst sehr viel zu wünschen übrig. Bei der Tortur entscheidet über die Frage, ob ein Wunder oder Kranker einen noch schärferen Grad zu überstehen vermag, lediglich der Nachrichter. Abgesehen von einem Antrag hinsichtlich der Zuträglichkeit des öfteren Aderlassens und Purgierens aller

---

[37]) PO. 89; Vlrich wider in die prifsann geen lassen und nicht in den stok slahen, Rp. 1449, 7, 10: die sieben ins loch dem stokmeister zu geben, Rp. 1449, 9, 20: dem st. antwurten und schatzen und hart zu halten, Rp. 1449, 10, 6: was püser puben gefangen wurden, liefs man in dem stock mit gepunden henden, daz sie mit dom leib swebten, Hegel, Städtechron. 2, 267.

[38]) Sie läfst qualitativ wenig zu wünschen übrig. Ein halbes Pfund Fleisch trifft auf j. G.; i. übr. steht das Lochgef. hinter dem Eisen, Wasserthurm u. Luginsland zurück, S. 2, L. 54, N. 7.

Gefangenen giebt sich nur selten ein energisches Eingreifen der Ärzte kund.[39]) Ist sonst zerstreuende Beschäftigung den Gefangenen kaum versagt, erweist sich im Loch die Übertragung einer solchen wegen des dort meist herrschenden Dunkels als zwecklos. Wohl im vordern Stüblein lernte einer, wie es heifst, völlig Lesen und Schreiben.[40])

Einstweilige Entlassung ist denkbar, vornehmlich dann, wenn die Beachtung gewisser Urfehdartikel die Voraussetzung zur un- widerruflichen Ledigung bildet.   Urfehde leisten alle Fremden vor Endigung der Haft, Einheimische, sofern sich Stadtverweisung daran knüpft oder — als urpheda de non ulciscendo — wenn man ihnen ungerechter Weise mit der Tortur hart zugesetzt hat. Die Gestorbenen überläfst man der Freundschaft, Schwerbezichtigte oder Selbstmörder verscharrt oder verbrennt man.[41])

Was die Gefängnisverwaltung anlangt, so stand die Auf- sicht früher dem Reichsschultheifsen und den Viertelherrn zu.   In der Folgezeit sind alle Gefängnismeister der eigentlichen Kriminal- behörde, dem Schöffenamt, unterstellt, vor dem sie (bei jeder österlichen Amtsänderung) den Diensteid abzuleisten und die er- forderlichen „Relationen" zu erstatten haben.   1799 ernennt man einen Kontroleur, jedoch nur für das „oeconomicum"; er erhält nicht bei allen Gefangenen Zutritt, Einmischung in die Inquisition ist ihm untersagt.   Sonst befinden sich die Sträflinge bezüglich ihrer Verpflegung unter der Obhut der Rentkammer.[42])

Die Thürmer werden ursprünglich nur für ein Jahr ge- dungen.   Ihre Verantwortlichkeit ist nicht gering, indem sie da- neben auch im Dienst der öffentlichen Sicherheit tätig sind.   Jeden neuen Insassen sollen sie mit Angabe der Haftdauer dem Rat anzeigen.   Die Eisen beaufsichtigt der Eisenmeister.   Die Stadt- knechte beherbergen harmlosere Missetäter in der eigenen Wohnung; die ihnen aufserdem zur Bewachung überwiesnen Räume

---

[39]) S. 2, L. 54, Nr. 7, S. 4, Rentk. 1124.   [40]) Rtb. LX, 162.

[41]) s. Kirchenstr., hat Urfeh gesworn, daz er aller gut frewnd wolt sein, die an seiner vanknuz schuldig sein, AB. 816, 17; AB. 817, 68; M. daz er von seiner vanknufs wegen nyemant veind er sey, 78; Aufbewahrung der Urfehden, Rtb. VI, 148, 1496; Hegel 2, 268.

[42]) Wölckern, Comm. Succ., 275; v. Interesse: die Gedanken und Vorschl. über die N. Criminaljustiz, 1800, StA.; S. 4, Rentk. 1124.

haben sie allwöchentlich besonders genau zu revidieren „ob ichzit geuerlichs bey den gefangen sey". Der Zuchthausverwalter steht dem Rang nach den übrigen Wärtern gleich, doch ist seine Machtvollkommenheit eine ausgedehntere. Ein beträchtlicher Teil des Arbeitsverdienstes seiner Schützlinge gleitet ihm in die Tasche. Des Lochwirtes ist bereits gedacht. Wegen des wichtigen Postens, mit dem er betraut, wird er am strengsten beaugapfelt. Er hat Kaution oder Bürgschaft zu leisten, muſs verheiratet sein, Lesen und Schreiben verstehen. Er deponiert auch die bei den Verhafteten vorgefundenen Wertgegenstände, ist indeſs nicht zur Annahme von Buſsen befugt, da hierfür allein der Haderschreiber kompetent. Im Stock endlich waltet der Stockmeister seines wenig erfreulichen Amtes.

Unter diesen Würdenträgern befinden sich mitunter sehr zweifelhafte Individuen; sträfliche Reden, Einsperrungen und Urlaubungen seitens des Rates sind häufig vermerkt. Mancher Lochhüter wird gestäupt und davongejagt, ein Stockmeister derart gezüchtigt, „das er des andern tags sturbe", ein Thürmer wegen Miſsbrauchs einer Gefangenen gerichtet.[43]

Ausbrüche liest man in groſser Zahl; so eine abenteuerliche Flucht aus dem Lochgefängnis i. J. 1578, ferner mehrere zum Teil gelungene Versuche aus dem Wasser-, Frauen-, Frösch- und Männerschuld-Thurm, wie aus den Springern. 1588 verunglückt ein markgräflicher Kastner, indem er sich — das Bett um sich gegürtet — vom Schuldthurm am Leintuch herabzulassen vermaſs. Er fällt „so hart", daſs er bald darauf als „verzweifelte Person" durch Bettelrichter verscharrt wird.[44]

c. Galeerenstrafe.

Herzog Albrecht von Bayern schreibt am 7. Aug. 1571 dem Nürnberger Rat, er habe die in seinem Lande auf die „Galeen" verurteilten Delinquenten dem Ambrosius Spinola von Genua überantwortet, damit er sie nach Italien verbringe und zum Ruderdienst verwende. „Weil es Im aber den Vncosten mit wenigen nit abtrueg", habe dieser ihn gebeten, die Nürnberger und andre Nach-

---

[43]) Stark Chron. 1578; Rtschlb. XLVII, 150.
[44]) von Ausbrüchen folg. erwähnensw.: Lochgef. 1554, 1578 Ann.; Schuldt. 1508, Hegel 5, 681; 1578, Stark; 1588, Ann.; 1602, Coll. Stadtbibl.; Frauent. 1522, Rtb. XII, 112; Fröscht. 1597 Coll.; Wasserth. 1558 Ann.

barn anzugehen, ob sie nicht gleichfalls mifstätige Personen der
Republik überliefern wollten: „Dann es anders nicht als für ein
christlich gut werk zu achten. Das nemlich das Land von dergleichen leuten gerainigt. Das Vbel gestraft vnd Sie die Verbrecher Inen zu Züchtigung dem Erbfeindt zu wider gebraucht
werden".

Sodann lesen wir von einem Vertrag, den Spinolas Bevoll-
mächtigter, Peter Panzer, mit dem Rat geschlossen. Hienach solle
jener die ad remos Condemnirten vom Tag des Urteils ab ver-
köstigen und den Transport auf seine Gefahr und Rechnung betätigen. Keinem der Missetäter dürfe von der Stadt weniger als
drei Jahre Galeerenstrafe zudiktiert werden; nach Ablauf der Frist
müsse er jedoch mit einem Passe abgefertigt und, sofern er nicht
alsbald an die Genuesische Küste gelange, wie andere Galeoten
gelöhnt werden.

Die Nürnberger dekretieren hierauf, dafs über jeden Delinquenten Rat zum Rechten gehalten und ein ordnungsmäfsiges Urteil gefällt werden solle. Bis zu seiner Abführung sei er in ein
besonderes Haftlokal zu schliefsen, kurz vor dieser mit dem
Sakrament zu versehen, sowie ihm eine Urkunde seiner Tat und
Strafe zu übergeben.

Panzer trifft im November ein, um die sechs ersten zu fünf
Jahren Verurteilten zu übernehmen und vorerst nach Onolzbach zu
bringen. Der Rat läfst sie nach der Kommunion „In den ein-
geschlagen Eisen" in die Landpflegstube zum Urfehdschwur führen,
sodann den Wagen, auf dem sie angeschmiedet, „Damit sich das
Volck samlen und den Actum und die Personen sehen konnen"
vom Rathaus über den Markt zum Thor hinaus fahren und noch
bis auf die Höhe vor Onolzbach durch Einrosser und Schützen
geleiten.

Mit Beginn des neuen Jahrs werden abermals vier durch
Panzer abgeholt und über Friedberg nach Genua geschafft; und
so folgen bis Ende 1573 noch mehrere Lieferungen. An vierzig
Missetäter befördert man für drei bis fünf Jahre auf die Galeere,
nur wenigen hievon gelingt es unterwegs (zu Friedberg) zu ent-
wischen. Aufser Dieben und sonstigem gemeingefährlichen Gesindel
erklärt man Gotteslästerer, Teufelsbanner, Ehebrecher, Inzestuose,
auch einen Mörder und einen „vf seiner Mutter und freundschaft
begern, als verschwender und hailosen menschen" dieser Strafe

für würdig. Dem Rat aber eröffnet sich die Perspektive, die Stadt von vielen schädlichen Leuten zu säubern und hiebei nicht geringe Kosten zu ersparen.[1])

Diese Erwartung sollte jedoch nur allzubald Ernüchterung erfahren. 1576 findet sich nämlich ein Gutachten zweier Konsulenten, aus dem hervorgeht, dafs die Genuesen des Abholens müde seien.[2]) Jene schliefsen mit dem Antrag: Man solle die Galeoten, da sich zur Zeit keine andre Gelegenheit zu ihrer Verbringung nach Italien ergebe, dem Kaiser zu Grenzbauten in Ungarn anbieten. Doch gelangt man wegen der langathmigen Verhandlungen des Regensburger Reichstags hierin zu keinem erfolgreichen Resultate und der Rat, der Fütterung der Gefangenen überdrüssig, entschliefst sich endlich dahin, ihnen nach feierlichem Urfehdschwur das Stadtgebiet und zehn Meilen „hindan" auf Lebenszeit zu versagen. Aufserdem erhält der Ratsgesandte in Regensburg den strikten Befehl, dem Kaiser das Angebot abermals zu unterbreiten. Über den Erfolg indefs schweigt sich das Ratsbuch gründlich aus.[3])

Man versucht später nochmals dies Experiment: 1699, wie 1708 werden Missetäter auf die Galeere nach Morea und Venedig gesandt.[4])

Wie hart übrigens die Galeerenstrafe den Hochgelehrten dünkt, geht daraus hervor, dafs sie in einem Ratschlag mit der Enthauptung nahezu auf gleiche Stufe gestellt ist.[5])

4. Die Stadtverweisung.

Verschwistert mit der Acht, erscheint sie gleichsam als die mildeste Äufserung derselben. Lange haftet ihr jedoch der recht- und schutzlose Charakter der einstigen Entfriedung an: wie viele der aus der Heimat Verstofsenen verkommen im „Elend", wie wenigen glückt es, in der Fremde Wurzel zu fassen, für sich und die Ihrigen eine gesicherte Existenz zu erringen.

Angesehene Bürger freilich danken oft verwandschaftlichen

---

[1]) Rtb. XXXIV, 168 fl.—322; Stark, Chron. 1578; Siebenkees, Mater. 2, 597; Ann. 1571; Rtb. XXXIV, 307.

[2]) Rtb. XXXV, 243.   [3]) Siebenkees, Mater. 2, 599.

[4]) Rtschlb. XLIX. 575.

und kommerziellen Beziehungen, sei es, dafs sie solche in andern
Städten bereits besitzen, sei es, dafs sie sich ihnen erst eröffnen,
nutzbringende Förderung. Selbst für den in das Welschland Verwiesnen ergibt sich leicht Gelegenheit, in fremde Kriegsdienste zu
treten oder einen einträglichen Handel zu beginnen. Sein Vermögen verfällt ja nicht, wie ehedem das des Ächters, der Beschlagnahme und Einziehung; und auch hinsichtlich der räumlichen Er-
streckung des Aufenthaltsverbots berücksichtigt der Rat nicht
selten die Wünsche des Verbannten, zumal, wenn er hiedurch recht
weit dem Stadtbereich entrückt wird. So läfst sich denn die Straf-
zeit sorglos und ersprießlich durch einen fröhlichen Fehdezug,
durch eine Palästinafahrt, durch Studien auf Bononiens Hochschule,
durch Gründung neuer Stapelplätze erfüllen und kürzen. Zudem
gilt er — sofern ihm nicht die Verächtlichkeit einer thörichten
Tat den Stempel der Ehrlosigkeit aufprägt — immerhin als Sohn
der mächtigen Reichsstadt, die ihn selbst als Gesandten und Boten
nützen, mit wichtigen Missionen betrauen kann. Im Falle hoch-
verräterischer Bestrebungen wider Stadt und Rat greift man daher
bei Patriziern — ihren Einfluſs im Ausland mit Recht als Gefahr
für das Gemeinwesen würdigend — nur höchst selten zur Verbannung: Geratner ist es, sie hinter Schloſs und Riegel, in zeitigen
oder ewigen Thurmverhaft zu bringen.

Nicht so glückverheiſsend scheint die Zukunft derer, welche
von „gemeinen" Eltern stammend, mittellos, gezeichnet vielleicht
mit dem entehrenden Kainsmal der Verstümmelung, hinausgeworfen
werden und des Elends bittern Kelch bis auf die Neige leeren.
Selten erreichen sie als ehrliche Knechte Nahrung und Unterkunft,
nur zu bald sinken sie physischem, wie moralischem Verderben in
die Arme. Jedes Unterfangen, sich aus dem furchtbaren Notstand los-
zuringen, wird zum Verbrechen und dies ein willkommener Anlaſs,
solch Erbarmungswürdige, welche ja doch nur als lästige Land-
plage erscheinen, völlig unschädlich zu machen. Nur von neben-
sächlicher Bedeutung sind für diese auch Art und Dauer des
Stadtverbots: selbst ein für wenig Jahre Verbannter darf kaum
die Wiedergewinnung der einstigen gesicherten heimischen Stellung
erhoffen. Und schon lange vor Ablauf der Frist vielleicht schleppen
die ihn auf der Streife aufgreifenden Söldner als „Schädlichen"
wieder zum Thore herein und dann hinaus zum — Rabenstein!

Die Stadtverweisung äuſsert sich als Verbannung und Aus-

weisung i. e. S. Ist jene vornehmlich mit Strafnatur begabt, so
erweist sich diese als polizeiliche, administrative Mafsregel, wiewohl
beide rücksichtlich ihrer strafwirkenden Folgen als ziemlich ho-
mogen erscheinen. Die Ausweisung, welche meist als perpetuelle
auftritt und sehr oft en masse erfolgt, trifft, wie die Verbannung,
Bürger und Fremde; doch bilden bei ihr letztere das Haupt-
kontingent. Besonders summarisch verfährt man hier: wie rasch
entdecken die städtischen Censoren einen Makel, der den Vorwand
zur Aufsagung des Gastrechts bildet.

In der Entwicklungsepoche der Reichsstadt, wie des anfangs
lediglich auf Selbst- und Beihilfe basierten Sicherheitswesens
fungieren beide Gattungen als beliebteste Strafmittel. Erstere
tritt Einheimischen gegenüber auch bei todeswürdigen Verbrechen
in Anwendung, hauptsächlich deshalb, weil zu dieser Zeit die
Strafgewalt des Rates die Befugnis zur Handhabung des Blutbanns
keineswegs in sich schliefst, daneben seine noch nicht völlig zur
Reife gelangte Autorität den Einfluss der Sippe des Täters nur
allzu sehr berücksichtigen mufs. Ein Sühnevertrag wird demgemäfs
zwischen den Widersachern vor des Rates Forum geschlossen, der
die Selbstverurteilung des Delinquenten zur Verbannung im Gefolge
mit sich führt. Für den Fall des Vertragsbruches, d. h. der un-
erlaubten Heimkehr, unterwirft er sich von vornherein der durch
sein Verbrechen verwirkten Kapitalstrafe. Sein Name wird im
Achtbuch verewigt und ev. der von Schöffen, Bürgen, Zeugen
beigefügt.

Späterhin greift bei schweren Missetaten, wenn nicht Fürbitte
oder mildere Anschauung der Richter obsiegt, die Todesstrafe
platz. Die Stadtverweisung sieht sich mehr und mehr auf den
Bereich der geringern Delikte, hauptsächlich dem der Polizeivergehen
zurückgedrängt, woneben sie als Präservativ gegen gemeinschädliche
Elemente an Bedeutung gewinnt.

Nach Erweiterung des städtischen Territoriums endlich und
Erstarkung der Sicherheitspflege, wie Verbesserung des Gefängnis-
wesens werden Leibes- und Lebensstrafen rigoroser gehandhabt;
bei Verbrechen schreitet man nur ausnahmsweise zur Verbannung,
bei Vergehen ist sie durch Haft und Bufse ersetzt. Die Ausweisung
indefs erreicht ihren Höhepunkt, als man nicht mehr allein auf
Säuberung der umliegenden Landschaft, sondern — verbündet mit
Nachbarfürsten — des Reichskreises selbst Bedacht nimmt.

6*

In den Achtbüchern sind die Verwiesnen als exclusi, eliminati und ejecti bezeichnet, später wird ihnen die Stadt „versagt", und vornehmlich in den PO. „verboten".[1])

Was den räumlichen Bereich anbetrifft, welchen das Aufenthaltsverbot in sich begreift, so heilst es: Stadt, Wald, Stadt und Wald, Stadt und Flecken, Flecken und Gebiet oder extra iurisdictionem et civitatem — alz verre daz gerichte reichet.[2]) Zuweilen sind gewisse Ortschaften des Territoriums untersagt oder erlaubt, wie aus hervorragender Nachbarlichkeit das „Wesen" in andern Städten ausdrücklich verstattet.[3]) Oft greift freilich hiegegen eine Vereinbarung mit solchen ein, so dafs ihres Namens bei dem Verbot gedacht ist oder generell sämmtlichen aus diesen Orten Verwiesnen das Gastrecht aufgekündigt wird.[4]) Hinsichtlich der beigesetzten Meilenzahl erweckt es oft Zweifel, ob nur die Stadt als solche als Anfangsgrenze zu betrachten ist, oder ob der Verbannte die zu beobachtende Strecke von der äufsersten Markung des ganzen Territoriums an zu rechnen hat. Es darf wohl, sofern nicht auch das „Gebiet" ausdrücklich versagt ist, das erstere als Regel gelten.

Dreifsig Meilen bilden die äufserste Grenze, darüber hinaus dienen Flüsse und Gebirge als Markzeichen: Donau, Rhein, Thüringer Wald, Lombardisches Gebirge. Bisweilen befiehlt man, er solle über einen der „vier weld" ziehen. Auch die Ungarische Grenze findet Erwähnung.[5]) Einmal tritt auf Fürbitte Umwandlung (Donau-Thüringer Wald) ein, weil sich wohl dem Exilierten dortselbst

---

[1]) eliminati, exclusi, AB. 1, 6 19; verboten, 22, 26; PO. 11, 14, etc.; versagt, AB. 1, 12.

[2]) Haderb. 1, 1503—1516, 186; 1483—1496, 127; 1516 1527, 228, 216; m. herrn Revier, Rtb. XXIV, 47; AB. 1, 15.

[3]) Wendelstein AB. 1448, 22; Hailsprunn AB. 317, 74; Babenberg, AB. Lochner, 40, 1850.

[4]) fast 70 Namen: omnes Ruffiani, kopperi et virharten, cum his excluduntur omnes exclusi a Civitatibus, ab Augusta, a Ratispona, ab Eistauia, ab Herbipli et a Babenberg sub ea pena sicut exclusi in illis Civitatibus sunt, AB. 1, 6, 1815.

[5]) AB. Lochner, 28, 1849; Donau Thür. W. Rtb. IV, 9 StA; Thür. W. Haderb. 1, 1483—1496, 65; vier weld, Hegel, Städtechron. 5, 589; Rhein, Haderb. 1, 1469—1488, 56; Don. od. Rh., Hist. dipl. Mag. f. d. Vaterl. 495, 1414; ungar. Gr., Wölckern, Comm. succinct., 835, Stark, 1599; über das Lampartisch gepirg, AB. 316, 29; vber daz gepirg varn, AB. 316, 18.

zum raschen Erwerb eines Unterhalts eine hilfreiche, opferwillige
Hand darbietet.[6]) Daneben mangelt es nicht — dank einflufsreicher
Verwendung — an Kürzung und Linderung der Verweisung; selbst
Ablösung des Zeitrestes durch Geldbufse ist denkbar.

Wird nun der Gast oder der „so zum Gesindlein" zählt, ohne
weiteres aus der Stadt geschafft oder geschlagen, so ist dem
Geschlechtersohn zumeist noch eine Frist vergönnt, innerhalb deren
er seine Familien- und Vermögensverhältnisse zu ordnen und auf
brieflichem Wege eine ehrenvolle Aufnahme in seinem zukünftigen
Domizil anzubahnen vermag. Als letzter Termin ist dann eine
Tagszahl oder ein Fest (Weihnachten) hervorgehoben. Andernfalls
liest man den lakonischen Bescheid, er solle „bei Sonnenschein"
die Stadt verlassen.[7])

Vordem teilt auch die „Wirtin" das Loos des Gatten; erst
als Wittwe soll ihr die Rückkehr gestattet sein. So nach den
PO.; öfters wird zudem ausdrücklich die Mitverweisung von Weib
und Kind verfügt, so bei Ausschaffung von Gaunerbanden oder
z. B. 1349 der politischen Widersacher durch die Aufrührer, wie
durch den zurückkehrenden Patrizierrat. Soll die Frau des Exilierten
für immer, d. h. selbst noch nach dem Ableben desselben, die Stadt
meiden, so wird dies besonders betont. Jene herbe Bestimmung
zessiert indefs 1487 gemäfs dem Dekrete: „so des gestrafften
weibe hie beleiben und Ir losung und anders wie ander burger
tun und geben wolt und Souerrn Sie Irs mans mifstat nicht verwandt ist, Sol Sie hie geduldet werden doch vorbehalten dem
Mann, ob er Sie mit geistlichem gericht zu eelicher beiwonung
vordern wolt." Es ist also stets in die Willkür des Gatten gesetzt,
ob er sie in der Heimat zurücklassen oder in das Elend mit-
fortreifsen will. Aufserdem gilt ja jene Vergünstigung nicht für
Vermögenslose, welche der Kommune zur Last fallen könnten.
Die Bestimmung scheint übrigens schon früher praktische Bedeutung
gehabt zu haben, denn bereits 1464 droht man einigen Weibern:
sofern für ihre verbannten Männer „vf ir anbrengen" gebeten

---

6) Rtb. IV, 9, StA.
7) bis sein weib auz dem kindpett kombt und darnach acht tag, AB. 817,
65, 1410; wenn er wider aus der Raifs k., Haderb. II, 190; in vier tagen
den nechsten, Rtb. XI, 549; bey Sonnenschein Rp. 1588, 12, 6; sol vor nahtz
auz AB. 816, 18; a festo penthecostes proxime venture, AB. I, 9.

würde, müßten sie auch von hinnen.[8]) Den „Anhang" von Verwiesnen, vornehmlich professionellen Gaunern führt man stets mit
zum Thor hinaus, mit dem Ehebrecher oft die Mitschuldige, mit
dem Verführer die Verführte.[9]) Zuweilen wird die Frau auf haltlose Verdächtigung hin als „verwandt" der Untat des Mannes bezeichnet und mit ausgewiesen. Sind sie vom Stadtverbot um-
schlossen, so geniefsen Weib und Kind keine weitere Schonung,
weder Alter noch Jugend erwecken Erbarmen. Nur rühmt sich
die Bürgerin einiger Vorzüge vor der Gastin.

In der Urfehde, welche der Verwiesne beim Abschied zu
leisten hat, verspricht er neben der Beachtung von Zeit und Grenze
die Einhaltung oft sehr drückender Bedingungen. So gelobt er,
der Stadt gegenüber nie als Feind aufzutreten, seine Ansprüche
nur vor des Rates Forum zu verfechten, bezw., vor ihm durch
bevollmächtigte Scheinboten zu handeln. Auch Fürbitten behufs
Kürzung der Exilsdauer soll er entgegentreten. Dazu verpflichtet
man ihn zur Zahlung seiner Schulden und — um die Bande,
welche ihn an die Heimat ketten, völlig zu zerreifsen — zur Ver-
schleuderung seiner Güter. Endlich darf er ev. bestimmte Zeit
keine Kaufmannschaft, kein Handwerk ausüben, die Wirtschaft
wird ihm geschlossen (inhibite taberne), damit er „ungeschenket"
bleibe. Dies Alles gelobt er bei seinen Treuen, bei seinem Eid
zu erfüllen und zu wahren und „verschwört" die Stadt.[10])

In Ansehung der Dauer der Verweisung ist ein genaues
System nicht ersichtlich; es wird ja hiebei nicht nur das fragliche
Delikt allein, sondern auch des Täters Persönlichkeit, sein Vorleben,
ev. auch seine sonstige Gemeinschädlichkeit ins Auge gefafst.
Neben ewiger Verbannung liest man meist zwanzig Jahre als
höchste Strafe; 1348 diktiert der Aufruhrrat einem allerdings vor-

---

8) PO. 14; sin wirtin ist versagt ewiclich oder vnz ob er nicht were,
AB. 1, 12; 11; ewiglichen mit Weib und kinden, Extr. etl. Achtb. 1350;
hiegegen Rtb. IV, 85, 1487; Rtb. 1, 134, 1464.

9) fritze dem vngesaltzen der stat verpoten ewiclichen — dez Arnoltes
tohter ew. von dez vorgen. v. wegen do si mit vmb gat, AB. 1, 28.

10) soll er sich des Güttleins verzeihen und aufgeben, Haderb. I, 1508--16,
198; durch eynen Anwalt sein gut verkauffen, Rtb. XIV, 280; kein Kaufmannschaft treiben, Hist. dipl. Mag. f. d. Vaterl., 495, 1414; inhibite sunt
taberne, AB. 1, 17, wider den durcken gebrauchen lassen, doch aber zuuor
seine schulden richtig machen, Stark, Chron. 1599; ungeschenket sein ein
Jahr, PO. 204.

läufig Flüchtigen „d. d. er wider kristeinlichen glauben gepredigt"
100 Jahre zu. Erlafs eines Teils der Zeit kann eintreten, sofern
sich der Sühnende „redlich hält", die durch ihn Geschädigten für
ihn bitten, oder e contrario jede Verwendung für ihn unterbleibt.[11])
So steht neben den Jahren häufig „mit gnad, halb auf gnad",
nicht seltener freilich „absque gratia", einmal ausdrücklich „annos
continuos".[12]) Manchmal — bei schlechtem Lebenswandel, Zauberei,
Alchemisterei und dgl. — findet der Rat in der einfachen Androhung der Verweisung sein Genüge.

Für gewöhnlich wird nun nach Verzeichnung des Namens im
Achtbuch oder Verrufung von der Kanzel der Verurteilte durch
Stadtknechte über die Grenze gebracht. Häufig schlägt man ihn
jedoch mit Ruten bis zum Thor oder läfst ihm vorher die Pranger-,
Ruten-, Steinstrafe überstehen, brennt ihm das Diebszeichen auf
oder beraubt ihn behufs besondrer Empfehlung bei den Nachbarn
der Hand, der Ohren, der Augen. Ebenso kann ihm der Abschied
noch durch Einthürmung und Spannen (Schlahen) in die Springer
versüfst werden. Von Vermögenskonfiskation ist (wenn nicht auf
Antrag von Gläubigern) nur selten die Rede; keineswegs tritt sie
als unmittelbare Folge der Verweisung auf. Geldbufsen kommen
öfters noch zur Einziehung. Endlich soll nach späterem Ratschlag die einjährige Verweisung für den Verurteilten infamierend
wirken.[13])

Wie Hausen und Hofen von Verwiesnen, so macht auch Fürbitte für sie den PO. gemäfs straffällig. Bürger und Büttel haben
bei Erblicken eines solchen innerhalb des ihm untersagten Rayons
sofort zur Verhaftung zu schreiten oder wenigstens den Rat in
Kenntnis zu setzen. Flüchtet er in eine städtische Freiung, so be-
ginnt die Verweisung von neuem und die Zeitdauer vermehrt sich
um so viel Jahre, als er sich Tage (vom dritten an) in jener
aufhält.[14])

Ergreift man ihn „innerhalb des zils", so gewärtigt er die
Strafe des Urfehdbrechers (s. u. Meineid) oder es tritt — bei
Selbstverurteilung — die im Achtbuch verzeichnete, von vornherein

---

[11] AB. Lochner, 124, 1348: Rtb. I, 184.
[12] non habentes graciam Regis et Cuium, AB. I, 9; per biennium
absque gratia AB. I, 9; zehn Jar von hynnen halb auf gnad, Rp. 1449, 4,
8; annos continuos AB. I, 11.
[13] Rtschlb. XLIX, 10. [14] PO. 15.

ausbedungene Sühne (sine sentencia) in Kraft. Neben der bunten
Menge von Kapitalstrafen ist hier oft generell ein „respicere ad
corpus et omnia sua" angedroht. Friedbrechern wird bei Rückkehr Verlust der Hand zugesagt, einem mancus der der Linken.
Mitunter soll der Ertappte noch einige Zeit im Thurm schmachten:
donec anni fuerint completi.[15])

Bei Unvermöglichkeit, eine Bufse zu erlegen, versperrt man
des Öftern dem Schuldigen das Thor, bis er seiner Verpflichtung
gerecht wird. Aber auch bei nicht verfrühter Heimkehr soll er
ev. erst nach Zahlung einer Summe den Eintritt erlangen, wenn
man ihn nicht noch einthürmt „bis an der burger gnade", um so
von seiner ernstlichen Besserung überzeugt zu werden. Nicht
geringeres Mifstrauen dokumentiert es, wenn es heifst, er dürfe
nach Fristablauf nur non sine verbo civium — mit des Rates
Willen und Wort — die Stadt betreten.[16]) Dafs übrigens Totschläger nach erlaubter Rückkehr auf Protest der Sippe des Getöteten oder der Gemeinde zu nochmaligem, endgiltigem Verlassen
der Heimat gezwungen werden, wird gleichfalls überliefert. Ja
1530 verbannt man einige Gesellen für fünf Jahre beim Hals,
weil „die Meister ires hantwerks haben gesagt auf ir eide. daz
sie bezzer sein von der stat denn darbei".[17])

Eine Übersicht zu geben über die Deliktsarten, welche mit
Verbannung und Ausweisung bedacht werden, ist wegen der
mannigfachen Anwendung der letztern nicht ausführbar. Schwere
Verbrechen sucht man später natürlich vergebens, ebenso die Androhung der Todesstrafe. Die ganze Zeit der Reichsstadt durch-
ziehen jedoch die zahllosen Verletzungen in der Fehde und Fried-
bruchsreate: Totschläge und Verwundungen. Sie sind es, welche
vornehmlich mit Verweisung bedacht werden. Oft jagt man den
Missetäter nur deshalb aus dem Stadtgebiet, um ihn vor der Rache

---

[15]) Quod corpore priventur si aliquis ipsorum redeat, AB. I, 9; absque
omni sentencia punientur, AB. I, 4: respicere ad corpus suum et ad omnia sua,
AB. I, 11; quam captiuitatem sustinere debet secundum ratam temporis, quo
deprehendetur in Ciuitate AB. I, 14.

[16]) J. T. sol nymmer herein komen on der Burger wort und ob er mit
vnsern Burgern hie iht zeschicken hat, sol er reht hie nemen vor der Stat
Rihter und niendert anders mit einem scheinboten, AB. 816, 47.

[17]) AB. Lochner, 89, 1350; l. sch. von Vellden der dieberei halben gestrafft. dhweil sich die von V. defs hoch beschweren nit mer eingelassen
werden soll, Rtb. XV, 127; Stark, Chron. 1611.

seiner Widersacher zu retten oder sämmtliche Ruhestörer, um
ernstem, das Gemeinwesen gefährdenden Tumulten vorzubeugen.
Sodann sind Vergehen wider den Rat zu nennen, Widerstand
gegen Stadtknechte und Nachrichter, verbotnes Appellieren u. dgl.
Massenhaft wandern ferner Unzüchter, Kuppler, Spieler, Bettler
und andere gefährliche Subjekte — darunter mancher „frumbe"
Landsknecht — zum Thore hinaus, Diebe, Betrüger, Fälscher,
Brenner, Eidbrüchige, Sektierer, Zauberer, Gotteslästerer, zum Teil
vom Tode begnadigt und mit den schrecklichsten Verstümmelungen
bedacht. Hieran reihen sich Fälle der Beihilfe und Anstiftung, des
Versuchs und schweren Verdachts, sowie zahlreiche Polizeivergehen;
vermochte ja selbst von den Fünfherrn Verbannung verhängt zu
werden. Narren sind endlich beizufügen und nach Haft und Tortur als schuldlos erkannte Fremde, deren Verweileu in der Stadt
man für allzu bedenklich hält. Sie geloben urfehdlich Nichtabndung
und Verschweigung der im Gefängnis erduldeten Mifshandlungen.[18]

Noch ist der Aufkündung des Bürgerrechts zu gedenken,
welche der Rat übrigens nicht allzu oft betätigt. Er entschliefst
sich nötigen Falls lieber zur Ausweisung. Bereits im ä. AB. sind
mehrere als privati, exclusi a jure conciuatus verzeichnet; sie
bleiben es für immer „nisi de gratia Ciuium recipiantur". „Gastes-
weise aus- und einzuziehen," sind sie stets befugt. Nach den PO.
soll man des Bürgerrechts für immer verlustig gehen, wenn
man es zeitweise aufsagt, um Nürnberger vor fremden Gerichten
belangen oder nach einer Münzstätte in der Vaterstadt streben zu
können. Für Fremde ist in früherer Zeit, wo der Rat eifrigst auf
Mehrung seiner Bürger bedacht ist, die Erbittung der Aufnahme
nicht, wie später, mit beträchtlichem Geldopfer verbunden; es ge-
nügen zwei einheimische Bürgen, welche hauptsächlich dafür ein-
stehen, dafs der Petent zur Entrichtung der jährlichen Losung
befähigt ist. Es wird daher jeder, welcher längere Zeit als Gast
in der Stadt verweilt, zur Erklärung aufgefordert; weigert er sich,
Bürger zu werden, so verfällt er einer täglichen Bufse von einem
Pfund von der Warnung an, der in kurzer Frist die Ausweisung
folgt.[19]

---

[18] daz er auch den Stephan mit dem einen awge niht warnen sol und
auch nymant sagen, wie man mit im vmbgangen sey, AB. 817, 68.

[19] PO. 24 ff.; Hegel 2, 507; AB. I, 6.

5. Die Eingrenzung.

Das Widerspiel der Stadtverweisung, bezweckt sie — ähnlich
der Einmauerung —. den Schuldigen für immer an die Stadt zu
fesseln. Sie wird entweder aus besondrer Gnade oder aus Politik
und Eigennutz des Rates bei oft todeswürdigen Verbrechen ver-
hängt. Origineller Weise trifft sie auch Bauern der Nürnberger
Landschaft. So heißt es 1499 gelegentlich eines Totschlags im
Fraisgebiet: „zu weiter pufs der fraifs soll er (der Täter) sein
lebtag lang hie in die Stadt gestrafft sein. Also das er one eins
Rats wissen, gunst und erlaubnus aus der Stadt nit kommen soll."[1]
Aus weniger selbstlosen Motiven zwingt der Rat einen fremden
Büchsenmacher, sowie auch einen Büchsenschützen, für immer in
Nürnberg zu bleiben und durch Anfertigung von Feuerwaffen und
als Kriegsknecht dienstbar zu sein.[2] Dafs man Konfinierte, um
ihnen Beschäftigung und Unterhalt zu verschaffen, unter die Stadt-
bediensteten einreihte, ist noch öfters erwähnt.

Besonders egoistisch verfährt der Rat dem Urkundenfälscher
Veit Stofs gegenüber. Ohne dafs dessen Verbrechen gegen das
Gemeinwesen gerichtet war, sucht es doch jener zu seinem Vorteil
auszubeuten. Von einer Richtung des Künstlers wird angesichts
seiner Bedeutung und einflufsreichen Fürbitter abstrahiert; in der
hieraus ressultierenden Verbannung erkennen jedoch die Stadtväter eine empfindliche Schädigung Nürnbergs. Ihr Bestreben ist
daher, ihn völlig an die Heimat zu fesseln. Aber Veit Stofs entkommt, unbekümmert um seinen Eidbruch und die zu gewärtigende
schwere Ahndung. Unterwirft er sich auch vorübergehend wieder
seinem herben Geschick, bald lodert in ihm von neuem der alte
Freiheitsdrang, bis endlich sein mächtiger Gönner Maximilian die
Rehabilitation und Freizügigkeit des in seiner Schaffensfreudigkeit
so sehr beeinträchtigten Meisters erzwingt.[3]

Die Eingrenzung gilt stets für Lebenszeit; die Gestattung
selbst längern Verweilens in der Fremde — wie bei Veit Stofs —
verstöfst nicht gegen ihren Charakter. Die zu leistende Urfehde
ist ihrem Tenor nach mit dem Schwur des Einzumauernden wohl
ziemlich identisch.

---

[1] Haderb. 1, 119.   [2] Rtb. VIII, 320; Rp. 1449, 2, 2.
[3] Rtb. VIII. 143; s. Urkundenfälschung.

6. Die Ehrenstrafen.

Schon früher ist einiger ehrverletzender Strafen gedacht. w. z. B. der **Brandmarkung** und des öffentlichen **Staupenschlags.** Sonst ist der Rat in vielfacher Weise bestrebt, dem Übermut und Leichtsinn Dehmüthigung widerfahren zu lassen oder verächtlich Handelnde der Schaulust des Pöbels bloszustellen und hiermit auf letzteren zugleich abschreckend zu wirken.

An Verweisen, bzw. „sträflichen Reden" und Verwarnungen ist kein Mangel; sie sind als gelindeste Ahndung teils bei geringfügiger Vergehung und jugendlichen Delinquenten im Schwange, teils vornehmlich gegen die Bediensteten der Stadt, wie Söldner, Stadtknechte, Schützen, Thürmer, Nachrichter, ja auch Ratsherrn und Schöffen wegen Unfugs, Unfleifses und Ungeschicks gerichtet.

Die Abbitte bei dem Verletzten oder dessen Sippe ist selten der Erwähnung gewürdigt, wiewohl der Rat in seiner Stellung als Schiedsrichter oft genug hierauf erkennen mochte.[1])

Hinsichtlich der Anlegung der schimpflichen Tracht ist, — abgesehen von der den Juden auferlegten Kleidung, welche indefs mehr zu ihrer Kennzeichnung dienen sollte — zu erwähnen, dafs 1514 der Rat durch Verordnung den „ehrbaren" Frauen, sofern sie als rückfällig des Ehebruchs erkannt würden, die Entziehung der „Stürze" androhte. In einem Fall, wo eine unrechtmäfsig eingegangene Ehe nicht mehr von Obrigkeitswegen getrennt zu werden vermochte, entschied man dafür, den Schuldigen für ein ganzes Jahr die ehelichen Zusammenkünfte und die eheliche Kleidung zu untersagen.[2])

Der Strick um den Hals spielt in der gewifs nicht völlig der historischen Basis entbehrenden Sage vom goldnen Becher seine Hauptrolle. Ihn trägt der Patrizier, welcher durch voreilige Verdächtigung eines Dieners dessen Richtung veranlafste, lange Zeit als zweifelhafte Ehrenkette. Später wird ihm verstattet, den Strang aufsen an der Thüre seines Hauses aufzuhängen, von wo aus er des weitern auf die Innenseite derselben gelangt, um endlich für immer beseitigt zu werden. Zu Beginn des 16. Jahr-

---

[1]) Eine Ehebrecherin wird zur Urfehde veranlafst, in feierl. Weise von den drei obersten Theologen Absolution zu erbitten, Rtschlb. XXXIII, 6; s. Verl. an der Ehre: Siebenkees, Mat. 1, 54.

[2]) Rtb. X, 195, StA.; Rtschlb. XLIX, 287.

hunderts ist — vielleicht mit dem Büfsenden identisch — ein Eyb
verzeichnet, der „wegen seines Verbrechens" mit dem Strick ein-
herwandeln muſs. Ja, noch 1662 unterwirft sich dieser Ehren-
strafe κατ ἐξοχήν ein Wirt. welcher der Stadt viel Umgeld „ab-
gestohlen".[3])

Eine minder beschimpfende, jedoch weit unbequemere Hals-
kette ist der Lasterstein. Er ist nur für Weiber bestimmt bei
Vorliegen von Betrug, Kuppelei, Spiel, Verleumdung und Blasphemie. Seit 1485 ist er verordnungsgemäſs der rückfälligen
Ehebrecherin beschieden. Von 1581 an bevorzugt man indefs die
Rutenstrafe und 1608 tragen die zwei letzten Steine um den
Markt wegen Fluchens auf die Bürgermeister und Schlagens ehrbarer Leute. Auch den Wöhrdern spricht man 1478 einen Stein
zu „die frawen zu zeitten in fräuenlichen hendeln mit zymlichen
zu straffen". In den Malefizbüchern ist der Weg, auf dem sich
die Exekution abspielt und der zumeist den Bereich der alten
Muntat umkreist, auf das sorgfältigste vermerkt. Daſs sich der
Janhagel, wenn die Arme, unter Vorantritt des pauckenschlagenden
Löwen von Stadtknechten „in der Farbe" geleitet, daherkeucht.
in Spottreden besonders gütlich tut, bedarf keiner Hervorhebung.
Weil die Weiber sich hierbei stets durch umfangreiche Kopftücher
zu verhüllen streben, wird mitunter ausdrücklich dekretiert, daſs
die Delinquentin den Stein mit unverdecktem Antlitz tragen solle.
Sofern diese Strafe, wie oftmals, lebenslängliche Verweisung nach
sich zieht, endigt der Kreuzweg erst vor dem Stadttor. Einmal
wird die Gedehmütigte, eine Gotteslästerin, hierzu noch mehrere
Stunden vor die Kirche gestellt.[4])

Eine ähnliche, wenn auch mildere Buſse, ist das Geigen-
tragen. Es wird ebenfalls nur weiblichen Sündern auferlegt,
„zur straffe Ires ungehaltenen Waschmauls". 1615 führt man
eine Frau, welche auf dem Rathaus einer jungen Zeugin, die

---

[3]) Der Mohrenköpflein kam wieder nach Haus, mufste aber lange einen
Strick am Hals tragen, Mfzb. 1662; ein junger M., der einem Kleriker 80 fl.
gestohlen, mit Strick um den Hals, Rute in der Hand auf den Pranger gestellt, 1668.
[4]) Siebenkees, Mat. 3, 888; Diebin Stein mit unverdecktem Gesicht
tragen, Haderb. I, 1516--27, 280; Diebin Stein, ewig Donau, wiewohl sie
merkliche straff an Irem leibe oder Irer oren, wo sie die noch gehabt, ver-
würckt hette, 148; s. Kuppelei, Betrug; Mfzb. 1581, Stark, 1578.

gegen sie aussagte, in das Antlitz schlug, in die Geige gezwängt
in feierlichem Umzug durch die Stadt und gebietet ihr, jene noch
drei Tage lang mit kreuzweis verschränkten Armen umherzu-
schleppen. Erst als sie in heftige Krämpfe verfällt, erreicht ihr
Gatte ihre teilweise Ledigung aus dem Torturwerkzeug. Die
doppelte Geige, in die man zwei Widersacherinnen gleichzeitig
zu spannen vermag, ist für Nürnberg nicht verbürgt. 1548 erfolgt auch an den Pfleger von Gostenhof die Überlieferung etlicher
Geigen „die pösen vngehorsamen Weyber damit penntig zu
machen". [5])

Symbolisiert die Steintragung die im alten Strafrecht gegen
Frauen übliche Steinigung, so soll die Rute in der Hand des
Missetäters bei Prangerstellung und Kirchenbuße auf die verdiente
Züchtigung hindeuten. [6])

Das Tragen von Hunden, wozu im Mittelalter mit Vorliebe Edle verurteilt wurden, ist in Nürnberg nicht gebräuchlich,
wiewohl gemäfs einem bei Grimm verzeichneten Sprichwort das
Führen von solchen in dortiger Gegend verhängt worden sein
soll. Oft dienen indefs Hunde neben dem Gehenkten als sonder-
bare Galgenzierde. [7])

Beschimpfend wirkt ferner die Anschlagung des Namens
an den Galgen. Flüchtige Verbrecher werden hiedurch gleichsam in contumaciam gerichtet. Auch soll sie die öffentliche Verrufung deklarieren und zur Verfolgung und Ergreifung des Täters
auffordern. Neben dem Gerichteten bringt man hie und da gleichfalls eine Blechtafel mit Angabe seines Verbrechens an. Die
Schandtafel der Bankbrüchigen rubriziert ebenfalls hierunter. [8])

Auf Amtsentsetzung wird unzählige Male verfügt. Sie
trifft den Ratsherrn, Schöffen und sonst zu einem Amte Geschwornen,
sofern er wider Eid und Pflicht gehandelt, wie auch bei entehrenden
Verbrechen. Ebenso geht sie der Einmauerung eines Ratsgenossen
vorher. Stadtdiener niedern Grads werden lediglich „geurlaubt." [9])

Das Zerschlagen des Wappens, wie der Rüstung von

---

[5]) Siebenkees, Mat. 1, 54; Rtb. XXIV, 2, 1548.

[6]) Mfzb. 1668; s. Kirchenstr.; eine Vagabundin wegen Pechscharrens mit
Umhängung eines Stückes Pechs zur Stadt hinausgeführt. S 4. Forst A.
Laur., Nr. 951.

[7]) Grimm, RA. 717; s. Hängen.

[8]) Rtb. LVI, 178; s. Bankbruch.   [9]) s. Amtsdel; Ehebruch.

Patriziern und Edlen soll (abgesehen davon, dafs es bei Aussterben eines Geschlechtes der Brauch) Ehrlosigkeit dokumentieren; das zum Schelmen machen (Zerbrechen des Degens etc.) ist lediglich militärischen Charakters und kommt Stadtsöldnern gegenüber zur Exekutierung.[10])

Das Prangerstellen – meist vor dem Rathaus — geht häufig dem Vollzug der Körper- und Verbannungs-, seltner der Todesstrafe voraus. Der Delinquent wird auf einer Holzbühne (in mildern Fällen auf einem Brett vor derselben) zur Schau gestellt, in ein Halseisen geschlossen und ihm eine Tafel mit Ankündigung seiner Vergehung, ein Corpus delicti umgehängt oder eine Ruthe in die Hand gegeben. Hie und da erfolgt auch eine „Verlesung" vom Rathausfenster herab. Die Dauer der Ausstellung ist eine verhältnismäfsig kurze (in der Regel eine Viertelstunde). Wiewohl der Pranger von Stadtknechten umstellt ist, so glückt doch zuweilen ein Entschlüpfen aus ihm, wie einem der Augenberaubung Gewärtigen, welcher unvermutet aus dem Eisen sich zwängte und in das Augustinerkloster flüchtete.[11])

Für Soldaten dient ein Pfahl in der Kaserne als Pranger. Eine Zauberin bindet man an ein auf dem Markt errichtetes Kreuz und bekrönt sie mit einer Teufelsmütze.

Der. dortselbst 1622 aufgeschlagene Bauernpranger war für betrügerische Händler bestimmt. Nachdem er bereits schon einmal abgebrochen war, beseitigt ihn der Rat 1704 endgiltig zu Ehren der Ankunft des Kaisers.[12])

Die Strafe des Wippgalgens (Schnellgalgen, Kack) wäre vielleicht mit besserem Rechte den Leibesstrafen einzureihen. Die Exekution ist äufserst schmerzhaft. Der Delinquent wird mit auf den Rücken gebundenen Armen — an denen der Strick befestigt

---

[10]) fürete man ihrer drey für, die machte man zu Schelmen, Stark, 1553; durch Henker z. Sch. gem., Degen mit Füfsen zerbrochen, Mfzb. 1672.

[11]) Diebin vnder den pranger auff das penncklein gestellt, Haderb. I, 1516—27, 229; AB. 1448, 41; Kinderverwahrloserin eine Stunde Pranger und Stein, Haderb. I, 1488—96, 68; vff dem Pencklein v. d. Pr. biss zu aufslesen der berufung, Haderb. I, 1508—16, 168; 2 sh. hlr. püttel de opere suo eine aufszuruffen am pr. von scheltens wegen, StR. 1480, 56; Hegel 5, 604; eine Art Pr. war auch das „Kärnlein für die vollen Leut" unter dem Fünferhaus, Waldau, Verm. Beitr., 8, 258, 1557.

[12]) Einbrecher, Soldat, zwei Stunden am Pfahl, Mfzb. 1674. 1678; Hegel 4, 306; Siebenkees, Mat. 8, 26.

ist — mit Hülfe eines Haspels zum Querbalken aufgezogen und
hierauf plötzlich fallen gelassen, indefs nur so weit, dafs es ihn
über der Erde schwebend erhält. In Nürnberg scheint dies 1619
zum ersten Mal betätigt worden zu sein; die Wiedereinrichtung
der verrenkten Glieder der Gestraften nahm Meister Franz im
Männereisen · vor. Da sie das Vergnügen des „Fallens" dreimal
durchkosten mufsten, so war es nicht zu verwundern, dafs bei
jedem ein Arm aus der Pfanne gerückt war. Nur einer blieb un-
versehrt, weil er den dabei „üblichen Vorteil" bereits kannte.
Lediglich Söldner wurden hiezu verurteilt wegen Desertion und
andrer schwerer Delikte.[13])

Das Spiefsrutenlaufen gilt mutmafslich als weniger hart,
indem es gleichzeitig bei Desertionsversuch verhängt wird, daneben auch bei Aufruhr, Widerstand, Einbruch und andern
militärischen und sonstigen Verbrechen und Vergehen der zuchtlosen
Soldateska.[14])

Das Reiten auf dem hölzernen Esel (oder Röfslein) —
auch eine Art Pranger — hat ebenfalls stets ein Militärdelikt zur
Voraussetzung. Ich erinnere jedoch hier der Kuriosität wegen an
den Asinus und Lupus der Nürnberger Schulreformation. Auf
diese beiden Holztiere verdammt man behufs Verspottung durch
die Kameraden unfleifsige Schüler, um sie hernach einer Züchtigung
zu unterwerfen. Bis hierher also fristet der Wolf, der alte Haide-
traber, als Symbol der Friedloslegung sein Dasein![15])

Die Beschränkung des Waffenrechtes des Freien (d. h.
die Untersagung des Tragens von Schwert und Messer) wird —
abgesehen von den generellen Verboten der PO. — öfters ausgesprochen und auch im Achtbuch verewigt. Sie erfolgt für
immer oder für bestimmte Zeit. Hiermit ist mitunter die Untersagung des Besuches der Leithäuser (Wirtshäuser) und des Spielens
vereinigt. 1611 soll ein aus dem Gefängnis entlassener Fallit
aller ehrlichen Zusammenkünfte sich enthalten und am Markt nicht
weiter, als bis zum Schönen Brunnen hinauf gehen.[16])

Zum Schlusse noch wenige Worte über die Infamie an sich.
Jede Verurteilung zur peinlichen Sühne, wie überhaupt Strafe an

---

13) Soden 1, 518; Mfzb. 1662; s. Militärdel.   14) Mfzb. 1676, 1677.
15) zwölf Sold. auf das hülz. Röfslein auf d. Schütt gesetzt, 25 Pfd. schwere
Steine an den Füfsen, Soden 2, 52, 1621.
16) R. Schädl. Leute, Bankbruch; Soden 1, 288.

Haut und Haar wirkte infamierend. Lediglich der Lochschilling bildete hierin eine Ausnahme. Hinsichtlich der Freiheitsstrafen waren Zuchthaus und Springer ehrenmindernd und blieben es, wiewohl der Rat es bezüglich des erstern verneinen liefs. Bei andern Detentionsarten, wie Einmauerung, hing es allein von der Ursache der Einsperrung ab. Das nämliche galt von der Konfination und Verbannung. Ein wegen Schulden mit ewigem Gefängnis Bedachter oder wegen Totschlags Konfinierter und Verbannter sollte an seiner Bürgerehre keine Einbufse erleiden. Anders verhielt sich dies z. B. bei Diebstahl, Pasquill oder Ehebruch. Hie und da spricht es der Rat, um Mifsverständnissen vorzubeugen, ausdrücklich aus, dafs der Verhaftete „nachuolgend für redlich solle gehalten werden". Später infamiert die einjährige Verbannung. Wiewohl der Ehebruch meist nur allzu milde Ahndung erfuhr, wurde gerade bei ihm des Öftern der infamierende Charakter hervorgehoben und eingeschärft. So erklärt man einem Patrizier, dafs er durch die Tat an sich seiner Ratsstelle verlustig sei. einen Altdorfer Professor entsetzt man aller Ämter und Ehren. Ein Geschworner des Handwerks verliert wegen Ehebruchs diese Würde. Bei einem, der in der Folge durch Urteil von seiner Frau geschieden ward, heifst es, dafs er nun „infamis, id est tot" zu erachten sei. [17]

Eine Besprechung der „Unredlichkeit", soweit ihr Eintritt bedingt ist durch Zugehörigkeit zu einem verrufnen Gewerbe oder Tätigkeit bei einem unredlichen Meister u. dgl. mehr, überschreitet das strafrechtliche Gebiet. [18]

---

[17] s. d. betr. Kap. im bes. T.: Tetzel, der des Rats gehainbt eroffent: Aber von wegen der Infamia, dhweil in crafft der geschriben recht gedachter T. als ein verwürklicher der Eren ainicher seiner getragen ämpter, Stend oder wirdigkayten nicht mer vehig sein mag, Rtb. X, 297, StA.: H. p. ebruchs halben geschieden, meisterrecht ableynen, so er sich wider versönt, das sie gutwillig bei Ime wonen will, mag er wider ansuchen, Rtb. XV, 169, StA.: Dekr. v. 21. V. 1760: dafs hies. Zuchth. nicht infamiere; Relegation über ein Jahr infam., Rtschlb. XLIX, 10; Dieb unter fünfzehn J., der nur poena extraord. erhalten, soll zum Handwerk zugel. w. und Redlichkeitsurkunde erhalten, Rtschlb. XLIX, 350; durch Widerruf und Urfehde unredlich, Soden 1, 483; Turm, nachuolgend für redlich, Rp. 1582, 10, 11; den meistern sagen. Welcher G. nit für redlich halten woll, dem soll die Statt verpoten sein, Rp. 1582, 6, 21; Soden 1, 320, 1618: Rtschlb. V, 180.

[18] auf unredl. Werkstatt zu Prag gearbeitet, Soden 1, 105: für redlich

7. Die Kirchenstrafen.

Die von Bamberger Klerikern veranlaßste und geleitete Ketzer-inquisition des Jahres 1332 heischt von Nürnberg noch kein Menschenleben: Der Rat gewährt den Gesandten des Bischofs zwar freien Einlaſs, doch nicht den erwünschten Zugriff, wenn auch eine stattliche Reihe von Waldensern zum Verlassen der Heimat gezwungen wird. In der Folge beseelt ihn nicht die gleiche Energie, Feuerbrände lodern zu Ende des 14. Jahrhunderts empor. Und auch sonst strebt er bis zum Hereinbrechen der Reformation jeden offnen Konflikt mit der Kurie — nicht zum wenigsten wegen der hieraus erwachsenden kostspieligen Streitig-keiten — zu vermeiden, wie er auch einer Bannifizierung keines-wegs gleichgiltig gegenüberstebt. Dies erweist z. B. ein Gutachten des Konsulenten Clüver, welches die Festnahme von fürsätzlichen Totschlägern in Kirchen und Klöstern ängstlich widerrät,[1]) oder ein Erlaſs, durch welchen ein Einheimischer beordert wird, „das er sich mit der frawen, die In zu pan pracht hatt viertrag, da-mit der pan abgestelt und nicht Interdikt gelegt werde, oder das er die Stadt meyde, dann ein Rate die prozeſs und geistliche beswerde nicht erleyden möge".[2]) 1515 steckt man eine Frau, da sie mit Bann und Interdikt belegt wurde, in das Lochgefängnis, entledigt sie jedoch bald wieder der Haft mit der Warnung, sich nicht vor Aussöhnung mit der Kirche in die Heimat zu begeben.[3])

Über die Bedeutungslosigkeit des Bannes für den neuen Glauben handelt ein interessantes Schreiben Luthers an den Rat, auf dessen Anfrage hin verabfaſst.[4])

Auslieferung von Priestern an die geistliche Behörde – auch wegen weltlicher Verbrechen, wie Diebstahls — wird des Öftern betätigt. Hie und da geben sich freilich tonsurierte Schwindler für Kleriker aus, wie z. B. ein sehr verwegner Kirchenräuber. Aus Vorsicht läſst jedoch der Rat, auch sofern er die Angabe des Ertappten für leere Ausflucht hält, denselben in einem verhängten

---

halten, trotzdem sein Vater Leb, Rtb. XI, 299, StA.; das Redlichmachen von Gesellen, Soden 1, 288; ein Geiger hat durch Zufall einen Hund er-schlagen und bittet, ihn durch eine Strafe wieder redlich zu machen, 288.

[1]) s. Verfahren 514, 122; Rtschlb. Sim. Clüv. 139.

[2]) Rtb. IV, 85 StA.   [3]) Haderb. I, 1508—1516, 200.

[4]) Waldau, Verm. Beitr., 4, 810; s. ind. Westermayer, n. Kirchenordn. 187.

Wagen nach Bamberg transportieren, wo dann nach Entlarvung
des Betrügers auf ebenso sorgfältige Rücklieferung Bedacht genommen wird.[5])

1379, als mehrere Ketzer dem Feuer zur Beute wurden, nehmen
viele Bürger das Kreuz und unterwerfen sich der Kirchenbuſse.
In den Städtechroniken ist eine derartige höchst seltsame Prozession
geschildert.[6])

Das Stehen vor der Kirche während des Gottesdiensts im
Büſserhemd, die Rute in der Hand, ist häufig das Loos reuiger
Wiedertäufer; ja es scheint hier allgemeine Strafnorm zu sein,
indem z. B. 1530 einer Bekehrten befohlen wird, daſs sie tags
darauf vor ihrer Pfarrkirche „laut der ordenung" stehen und dann
ihr Kind taufen lassen solle." 1553 dekretiert man sogar drei-
malige Kirchenbuſse, damit jedermann sehe, daſs der Zurück-
gekehrte seinen Irrthum öffentlich bekannt.[7]) Daſs ihre Anwendung
auch bei Blasphemie Anklang findet, ist nicht zu verwundern; die
Zahl der der Buſse unterworfnen Lästerer ist sehr beträchtlich.
Hiezu gelangt sie bei Unzuchtsdelikten in Gebrauch; 1565 wird
sie hierfür als Strafbestimmung zum ersten Mal vom Rathaus
herab verlesen. 1596 verbescheidet man einen Antrag, diejenigen
hiezu zu verurteilen, welche sich „selbsten verwunden und wiederumb

---

[5]) Hegel 5, 559; So wird 1490 ein Clericus, welcher in der Frauen-
kapelle ein vergoldetes Kreuz gestohlen und unter die Juden versetzt, nach
Bamberg geliefert, Ann. 1490, s. Haderb. 1488—1496, 84; des Techants zu
Bamberg anbringen in acht zu haben, der ersten von der wegen, die hie zu
gefengnus komen, die dann ein Rate noten sol. vor in und nynderd anders
recht zu suchen. Zum andern das ein Rate auch die priester hie noten soll
vor in zu recht zu steen, Rp. 1459, 9; als der Stattknecht d. f. anhangk zu
gefengknufs füren wollen, hat obben. priester an den st. freuenlich hand
gelegt, plutrünstig gestofsen und gedrosselt — auff aim verhangen Camerwagen
mit ainer schrifft solcher seiner verhandlung gein B. schicken, Rtb. X, 264;
in Frevelsachen zwingt man sie meist zur Anerkennung des N. Gerichts, s.
Geistliche. Vogel von Eltersdorf: man hat ihn nit gen B. geschickt, die
Weyh ab zu nehmen, der Nachrichter hets ihm hier abgenommen, Waldau,
N.B. 2, 268.

[6]) etlich manspild giengen plofs pis auf den Gürtel, etlich trugen plofse
schwert, etlich kolben gestell als die prent, etlich plichsen, etlich spiefs,
etlich helmparten, nachdem und damit er gemört het, etlich verpunden das
antlitz; etlich offenbar, etlich plofs und dennoch verpunden. die frawen
gingen in frawenmenteln etc. s. Hegel Städtechron. 5, 555, 489.

[7]) s. Ketzerei.

aufkommen" mit dem Beschlusse „wenn es wieder zu schulden
kumbt, eingedenckh zu sein".[8])

Rom- und Ach- (Aachen) Fahrten sind hie und da erwähnt;
mitunter bildet das Gelöbnis einer solchen Wallfahrt einen Teil
der Urfehde des Totschlägers.[9]) Sonstige kirchliche Zeremonien,
wie Abbitte am Grab des Getöteten, scheinen nicht üblich.

Die schwerste Kirchenstrafe ist — wie heutzutage noch —
die Versagung des kirchlichen (ehrlichen) Begräbnisses.
Aus dem Verfahren (I. u. II. HGO.) erhellt, dafs man vordem über
den Toten ebenso urteilt und richtet, wie über einen Lebendigen.[10])
1396 wird Hagenbach verbrannt „denn er war erstochen worden."[11])
Wiederholt liest man Einträge, wonach dem Nachrichter Geld-
beträge zuerkannt werden, „do er über einen toten richtet".[12])
Es handelt sich hier um einen bei handhafter Tat (bei der Verhaftung — aus Notwehr) Getöteten, oder einen solchen, der, eines
schweren Verbrechens wenigstens nahezu überwiesen, im Lochgefängnis starb oder sich selbst entleibte, oder endlich überhaupt
um einen Selbstmörder. Verschwindet auch der geradezu lächerliche
gerichtliche Formalismus mit der III. HGO., die Versagung des
Begräbnisses wird stets aufrecht erhalten. Man verbrennt entweder
den Toten zu „Pulver" auf freiem Feld oder einer Wegscheide
ebenso kommt das Werfen in das Hochgericht vor. Der Name
des Verbrannten wird auch im Achtbuch verewigt. Ein Begräbnis
nicht minder schimpflichen Charakters ist endlich die Verscharrung
an gewissen verrufnen Plätzen, wie im Wespennest, am Studenten-
plätzlein, bei der Gemeingrube. Zum Hundschlager schleift der
Pöbel einen Kleriker, welcher beim Schatzgraben verunglückte.[13])
1520 gebietet der Rat die in das Hochgericht Begrabnen nach

8) Rtb. LVI, 171; Mtzb. 1565, 1576, 1617, 1655, 1657, 1659, 1660 etc.

9) erstach der von Sachsen koch in dem frawenhaus eins nadlers sun
erpaten in sein herrn gar kaum, must ein Romfart und ein Oehfart im tun
und der muter 15 fl geben, Hegel, Städtechron. N., 1487.

10) s. Verfahren, HGO. I, 251, (56) und HGO. II, 542, (150).

11) Stark Chron. 1896.

12) Susp. 2 Pfd. hlr. zu lon do er über einen toten richtet, JR. 64, 1382.

13) Collect. Stadtbibl., 1580; erstach sich mit willen selber Ot Sulmeister.
man verprent in nicht, Hegel 4, 352; den jungen knecht, der sich erhangen
hatt, fürderlich verprennen zu lassen und solich geschicht in das Achtbuch
zu schreiben, L. Müllich dem leben vier tag in das loch, d. d. er den erhangen
dem Burgermeister zuuerkünden verhalten, Rtb. IV, 72 u. 79.

der Herausnahme bei s. Peter im Siechgraben, nicht, wie früher, in der Stadt oder im neuen Gottesacker, zu verscharren.[14]) Dies ist Pflicht der Bettelrichter und des Löwen; erstere versagen öfters ihre Beihilfe.

Von vornehmen Gerichteten genehmigt man Muffel ein ehrliches Begräbnis in der Familiengruft zu Eschenau, Imhof beerdigt man im Steinschneidergärtlein bei s. Rochus, Gülchen neben der Grube bei s. Johannes. Gar oft besteht des Armen letzte Bitte darin, ihn nicht Beute der Raben werden zu lassen. Der Rat nimmt hiebei Rücksicht auf die Familie oder das Handwerk des Gerichteten. Ev. „erlaubt" er schon im Urteil den Kirchhof.[15])

1544 wird bereits offiziell einem Augenarzt gestattet, „des Armen stinders kopf zu anatomisiren, damit er die aigenschafft desto pesser erlernen möge", ähnlich 1548, was dann häufig durch den Nachrichter, welcher ja auch meist in der Heilkunst sehr bewandert ist, betätigt wird, bis die Anatomie in Altdorf ein Anrecht darauf erwirbt.[16])

Bei Selbstmördern prüft man stets, ob es sich um einen Wahnwitzigen oder nur um eine „verzweifelte Person" handelt. 1486 stellt es der Rat — dem in allen Fällen die letzte Ent-

---

[14]) Rtb. XI, 508.

[15]) Beck ertränkt sich; er wurde durch das Handwerk erbeten, dafs man ihn auf dem Gottesacker begrub, Stark Chron. 1557; C. v. Hall, dem von dem Richter der Kirchhof erlaubt wurde, Rtb. I, 215.

[16]) Rt. XXII, 1544, 112; Magister Heypeln zulassen der Armen ainen so gericht worden in S. Peters Kirchen zuschneiden, doch das nit vil volks darzu kome Ime auch ain knecht zu geben, Rtb. XXIV, 1548, 9; dem Nachrichter auf sein ansuchen erlauben den enthaupten Cörper zu schneiden und was Ime zu seiner artzney dienstlich deruon zu nemen Rtb. XXXVI, 1578, 258; den hab ich Adonamirt und geschnitten, M. Franz. Tageb., 1578, 1581, 1590 etc.; 1641 wird der Körper einer Kindsmörderin von Dr. Befsler und den beiden Stadtapothekern arte Pharmaceutica et chimica cum laboribus industriis mediante vulcans, manualibus operationibus elaborirt; Sodann erteilt das theatrum anatomicum in Altdorf das Anrecht auf die Gerichteten. 1682 sandte man eine solche dorthin „weilen sie aber den Kopf nicht mitgebracht, haben die Herren Professores Medicinae Selbige nicht angenommen und wieder hereingeschickt, Mfzb. im Bes. d. H. Geuder; 1717 wird ein Dieb nicht in die Anatomie verbracht, sondern von einem Barbierergesell erkauft, um sich an ihm „exerziren" zu können, Mfb. MS. 556a. Öfters liest man, dafs schwer Leidende sofort nach der Richtung das warme Blut der Armen tranken. s. a. Reubold, zur Gesch. der gerichtl. Sektion (Friedreichs Bl. f. ger. Medicin, 1893).

scheidung obliegt — dem Pfarrer frei, ob er einen Erhängten in geweihter Erde begraben wolle, und zwar unter dem Beifügen, dafs man nach gewissen Wahrzeichen auf einen Selbstmord nicht schliefsen könne.[17])

8. Die Vermögensstrafen.

„Der frevel, bufsgelt, straff und wandel,
Die schergen und das artzetgelt
Die haben meiner taschen gstrolt."

H. Sachs.

Eine Vermögenseinziehung als Straffolge eines bestimmten Verbrechens (wie von Reichswegen des Hochverrats) kennen die städtischen Quellen nicht. Im ä. Achtbuch wird nicht selten ein respicere ad corpus suum et ad omnia sua, ein respectum habere ad hereditatem illius angedroht, jedoch nur zur Sicherung der bei ev. unerlaubter Rückkehr verwirkten Summe.[1])

Das Gut Flüchtiger mit Beschlag zu belegen, bezw. einzuziehen, war früher des Schultheifsen Befugnis; ja es soll sogar einen Hauptbestandteil seines Einkommens gebildet haben.[2]) Eine Verordnung des 14. Jahrhunderts modifiziert dies anfangs wohl ziemlich uneingeschränkte Recht hinsichtlich der einheimischen Bürger insofern, als sich der Richter des liegenden Gutes (erbe oder eigen) derselben nur nach Ausspruch der Ächtung (Verrufung) und, nachdem es den Salleuten und Erbherrn rechtskräftig abgesprochen ist, unterwinden darf. Innerhalb dieser Frist erweist sich die Vornahme einer gerichtlichen Anleite als wirkungslos, der Täter vermag inzwischen sein Grundstück an jeden Beliebigen zu verkaufen oder zu verschenken. Der Erbteil eines Kindes soll ferner bei Totschlag überhaupt nicht der Einziehung unterliegen. Auch können sich die richterlichen Mafsnahmen nur auf Güter beziehen, welche innerhalb des Jurisdiktionsbezirkes liegen.[3])

---

[17]) So sich orhenkt hatt halb zu erfarn, und wo erfundon word, das er wanwitzig gewest, In auffm andern gotzacker zu begraben, Rp. 1500, 6; schneider so die Hauptsucht gehabt und sich orhenckt hat auff den Gotzacker begr., dhweil er andern tags dauor wolgeschickt gewest und mit dem heil. Sacrament versehen ist, Rtb. IX, 394; Rtb. IV, 163; Siebenkees, Mator. 2, 598.

[1]) Maientaler incendiarium abstulit, pro quo cives volunt respicere ad corpus suum et ad omnia sua, AB. I, 11.

[2]) Stromer, Reichsschultheifsenamt, 105, 106, contra Priv. Ludw. 1831 (Ann.`

[3]) PO. 41.

Was das Eigen Fremder anbetrifft, so verblieb es jedenfalls
bei der früheren Rigorosität.

Hinsichtlich des Verfahrens ist hiebei folgendes hervorzuheben:
Gelangte die Flucht eines Verbrechers oder Verdächtigen zur
Kenntnis des Rates, so begaben sich — nach ordnungsmäfsiger
Erlassung des Achtausspruchs oder der Verrufung — Richter und
Schreiber in des Flüchtigen Wohnung und zeichneten den Güter-
bestand in Gegenwart von Zeugen und Interessenten auf. Dies
galt als Akt der Beschlagnahme. Häufig ging indefs der Rat gar
nicht selbständig vor, erteilte jedoch (bei Totschlag) der Freundschaft des Abgeleibten oder andern Gläubigern auf Ansuchen einen
dinglichen Arrest. Verfolgte dies einerseits den Zweck, den Täter
zur Gestellung und rechtlichen Ausführung zu veranlassen, so sollte
anderseits hiedurch dem Verletzten oder dessen Sippe Bufse und
Wergeld, dem Gericht Ersatz der Kosten werden. Der Ungehorsame
erfuhr wiederholte Citation, ev., sofern er sich in einer Freiung
oder einem Geleitshaus aufhielt, durch den kompetenten Amtmann
oder Pfleger. Und wenn man, heifst es 1565, eigentlich erst nach
einem Jahr die Güter konfiszieren sollte, so steht es doch in der
Willkür der Obrigkeit, es vorher zu tun und gegen die Person
mit der Mordacht fortzufahren.[4])

Interessant war das Vorgehen in Fraifsfällen, d. h. bei
Verbrechen im sog. Fraifsgebiet — einem Territorium von
strittiger, bezw. gemeinsamer Jurisdiktion, in dem lediglich Prävention
(Vorgriff) zu Gunsten des einen der Grenznachbarn entschied. Als
Handhafte dienten hier gleichsam die Fraifszeichen, d. h. der
Leichnam, ein Finger des Ermordeten, Kleidungsstücke oder andre
Habe des Getöteten oder Täters, Späne von ihren Häusern. Wurde
der Tote alsbald wieder den Hinterbliebenen zur Beerdigung ver-
abfolgt, so erstattete man andre beschlagnahmte Objekte erst bei
Ergreifung des Verbrechers oder Abtragung des Fraifsanspruchs
durch Geld wieder zurück. Meist aber mifslang es, den Täter
zu fahen, oder er geriet in andre Hände, worauf dann, sofern nicht
Einlösung seitens der Freundschaft erfolgte, der Rat die Pfänder
behielt und in der Kriegsstube aufstapelte. Nach geraumer Zeit
schenkte man sie weg oder verkaufte sie.[5])

---

[4]) PO. 41; Defs abgeleibten freundschaft ist ein verpott vff der thettern
gütern begünnt vff ains Rats widerrufen, Rtb. IV, 242.

[5]) ableib geschehen, dem pfleger zu bezahlen, von des entleibten Haufs

Der Einziehung unterlagen ferner die Corpora delicti, d. h. die sowohl zum Verbrechen dienlichen, wie durch dasselbe hervorgebrachten Gegenstände. Die dem Aufgegriffenen abgenommenen Waffen verteilte man meist an die die Verhaftung ausführenden Söldner. Sonst zum Delikt benützte Objekte wurden nicht nur eingezogen, sondern auch beseitigt oder ev. mit dem Täter vernichtet. Die den Räubern entrissene Beute erstattete man dem ermittelten Eigentümer zurück; hinsichtlich der herrenlosen Werthstücke erwirkte der Rat bereits 1484 durch den Bischof Julian von Ostia die Befugnis, den Erlös aus denselben zu Almosen zu verwenden.[6]) Verfälschte Waaren, wie „schädlich Weingemächte", schlimmes Bier u. dgl. werden beschlagnahmt und zuweilen unter grofsem Pomp dem Untergang geweiht, der Pseudo-Safran oft mit dem Fälscher zugleich verbrannt.[7])

Auch die Wegnahme und Zerstörung der Handwerks-Zeuge und Erzeugnisse bei unbefugter Ausübung eines Gewerbes — was übrigens regelmäfsig durch die beleidigten Meister selbst besorgt wurde — fällt unter diese Rubrik.

Was nun die Geldstrafen, vornehmlich die Bufse und ihre Arten anlangt, so sind Bufse und Besserung (puz, puzze — pezzerung) als gleichbedeutend behandelt. Als die „alte" Bufse präsentieren sich der „Frevel" und die „Êschillinge"; sie deklarieren sich als Friedbruchsühne, wie als Poen bei Ungehorsam gegen ein richterliches Gebot.[8]) Bufse und Besserung bezeichnen aber auch die an den Kläger zu betätigende Leistung und endlich Strafe überhaupt, wie man z. B. einen zur „puz und peen" (z. pezzerunge) verbannt oder in den Thurm wirft. Einer ebenso willkürlichen Verwendung erfreut sich „Wette"; während sie in der Bedeutung der Wadia prozessualen Charakter trägt, wird der zu einer Wette verurteilt, welcher nach der Feierglocke ohne Licht auf der Gasse betroffen wurde.[9]) Seltner ist „Wandel" als Bufse gebraucht, meist als

---

ein span zu aim fraifspfand zu nemen, Rtb. XVII, 1585, 78; auf Agnesen R. supliciren in Ansehung ihrer Armut und kranckheit ir die kue so irem haufswirt als fraifspfandt genomen widerzustellen abgeleint, 98; dem entleipten ein Leibzeichen nemlich ein finger abgeschnitten, 101; so der kranck todts hingen solt, starck dahin ze eilen und den Cörper zu fraispfandt hinzenemen, 196, s. Verfahren, 264, (69).

6) Ann. 1484.   7) s. Fälschung.

8) PO. 8; HGO. I; Verfahren, 246, (51); Thurm ze pezzerunge, PO. 22; waz puz im di scheppfen ertellen, der ist man im schuldig, 87.

9) PO. 20, 40.

Strafe an sich, in gerichtlicher Beziehung (Wandel dingen) als Holung.[10])

Besafs der Burggraf 1273 noch ein Anrecht auf zwei Drittel der gerichtlichen Bufsen, so beschwerte er sich 1392 vor dem König, dass der Rat die Kläger zumeist vor sein forum zu ziehen wisse und ihm so grofsen Nachteil zufüge, bis er endlich mit Verkauf der Burg jeglichen Anspruchs verlustig ging.[11]) Rücksichtlich des Reichsschultheifsen ist in den PO. hervorgehoben, dafs diese Satzungen ihm, bezw. dem Richter an seinem alten Recht nichts schaden sollen. Bei mehreren der angedrohten Bufsen ist aufserdem die Anordnung getroffen, dafs vier Teile derselben der Stadt zufallen, der Rest jedoch dem Richter. Aber auch seine Bezüge erscheinen im 14. Jahrhundert als nicht mehr völlig gesichert; so „teydingt" z. B. 1377 der Rat mit ihm „vmb alle vel von diesem Jar" und opfert eine nicht allzu grofse Summe, worauf der Schultheifs „die burger ledig und lossagt".[12])

1427 geriet er völlig in der Stadtväter Dependenz, leistete ihnen den Gehorsamseid und verlor jegliches Anrecht auf die gerichtlichen Gefälle. Seit Bestehen des — angeblich 1362 — errichteten Fünfergerichts wurden die Geldbufsen der Mehrzahl nach nicht mehr vom Rat, sondern von den Fünfherrn verhängt und in den sog. Haderbüchern verewigt. Die Verurteilten sind in ihnen zumeist mit dem ganzen Namen verzeichnet, bei den „in der Stille abgestraften" Personen hatte man indefs an einem Buchstaben Genüge.[13]) Auch das Spital erhielt zuweilen den verwirkten Betrag; im Landgebiet fielen die Frevelbufsen dem Eigenherrn zu.[14])

Hinsichtlich des Vorrangs bei mehreren Bezugsberechtigten ist hie und da vermerkt, dafs der Richter sein Recht vorausempfangen solle; nicht so bei Totschlag und Frevel durch Gäste. Diese „richten" sich, um das Stadtgebiet wieder betreten zu dürfen, vorerst mit den Bürgern und dann mit dem Richter.[15]) Auf das Fraifsgeld verzichtet mitunter der Rat, um die Bezüge, welche dem Verletzten zugesprochen sind, nicht zu verkürzen. Letztere hat

---

[10]) Verfahren, 246, (51).   [11]) Stromer, 5, 47.
[12]) PO. 81, 8; StR. 1377, 66; Stadt soviel geben, als dem Kinde, PO. 21 ebenso bei Heimsuche, 87.
[13]) S. 1, L. 202, Nr. 18.
[14]) MS. 617; ein Betrüger mufs 1000 fl an Spital zahlen, Soden 1, 289.
[15]) Stromer, 105.

der Verurteilte sofort zu erlegen oder Bürgen zu stellen. Vermag er dies nicht, so wird er in den Schuldthurm gesetzt für so lange, bis der Kläger „vergnügt" ist.[16])

Bei Friedbruch verliert der zur Zahlung der Bufse Unvermögliche die Hand; zuweilen tritt auch Gefängnis (der Stock) hiefür ein, noch öfter Verweisung. Wer Verbannte haust und holt und die Strafsumme nicht zu entrichten weifs, verfällt selbst dem Exil.[17])

Jeder Gefangene hat seine Verköstigung, die „Atzung" selbs zu bestreiten. Bei Einmauerung schliefst behufs dessen die Freundschaft mit dem Wächter des Thurmes, in dem der Verurteilte sein Leben verkümmern soll, einen Vertrag.[18]) Wie man bei Freilassung auf der Ableistung der Urfehde besteht, so hinsichtlich der Mittellosen auf der Ausstellung eines Atzungsscheines, worin sie für den Fall dereinstigen Vermögens die Tilgung ihrer Schuld geloben. Unzüchter sollen einem spätern Dekret gemäfs bis zur Abarbeitung derselben im Zuchthause bleiben.[19])

Daneben wären noch mancherlei Verpflichtungen erwähnenswert. Ich nenne nur das „Fahgeld" für die Gefangennahme, das „Bietgeld" (pietgeld) für die Vorladung des Beschuldigten vor Gericht, den Lohn für den „Anzeiger" und für die „Kundschafter, welche hinausgesandt werden, die nähern Umstände des Verbrechens zu eruiren, den „Lochschilling", d. h. den vom Löwen beanspruchten Sold für die Vornahme der Züchtigung.[20]) Die Exekutierung der öffentlichen Strafen erfolgt auf Rechnung der Kommune, das schimpfliche Begräbnis eines Selbstmörders jedoch auf Kosten der Freundschaft.[21])

---

[16]) PO. 49.

[17]) PO. 8, 84, 88, 89, 15; pezzerung niht, so lang von stat, 31.

[18]) doch hier auch ev. durch den Rat, wie bei Christan v. Eybach, 1496; wasser zu drinken und einer schlechten weyfs zu essen geben lassen mit dem turmer vffs nechst abkomen die wochen vmb fünff oder sechs groschen Rtb. VI, 254 St.A.; sein lebenlang vermaurt auff der freuntschafft costen, Haderb. I, 1516—27, 230; Rtschlb. LXI, 209.

[19]) on bezalung der atzung ausser fangknufs, Rp. 1582, II, 22; wo sie die atzung nit het sol man derohalben einen schein machen, Haderb. I, 180; wenn er zu pessern vermögen khom, das er dann s. a. zale, 141; R. Verl. 18. 9. 1711.

[20]) Bezalung der atzung und fahgelt, Haderb. I, 212; pietgeld, Haderb. II, 313, gebietgeld, PO. 48; Rp. 1582, VI, 6.

[21]) Stark, 1612.

Der Schadensersatz an den Verletzten repräsentiert oft einen
hohen Betrag. Gemäfs den PO. schuldet der Täter, sofern der
Verwundete beim Arzt liegen mufs, für jeden Tag ein Atzungsgeld
von drei Schillingen in Gold.[22]) Abgesehen hievon kommen die
„Vergnügung" des Arztes, die Bufse wegen der Verwundung oder
Leme, bei tiefgehender Schädigung, wie Beraubung der Sprache,
das „Interesse", die Entschädigung für Versäumnis und — wenn
die Kläger aus der Landschaft stammen — für Zehrungskosten
während des erforderlichen Aufenthalts in der Stadt in Betracht.[23])
Ist der Verletzte unfrei, so mufs auch der Eigenherr entschädigt
werden oder, z. B. bei Lähmung eines Armes der Magd, die Haus-
frau, damit sie jene fürderhin im Dienst behält.[24]) Häufig sind die
Einzelleistungen im Urteilstenor nicht genau hervorgehoben, sondern
nur angeordnet, dafs der Schuldige eine „Ergetzlichkeit" oder eine
Vergnügung für Schmähe und Schmerzen an den Mifshandelten zu
prästieren habe.[25]) Bei falscher Anklage oder Ladung vor fremdes
Gericht hat der Kläger abgesehen von der Bufse an den Rat den
Gekränkten durch eine Geldsumme zu versöhnen.[26]) Gestohlenes
ist bei Entwendung in der Fehde „zwispilden" zurückzugeben,
eventuell hat der Täter bis zur Erfüllung dieser Obliegenheit im
Thurm zu kampieren.[27]) Hauptleute und Dorfgemeinden, welche
sich in der Nacheile lässig erweisen, werden zum Ersatz des Ge-
raubten verpflichtet.[28])

Wer eine Kirche durch Friedbruch entheiligt, mufs sie wieder
auf eigne Kosten weihen lassen.[29])

Im Fall der Verbürgung, deren Wortlaut mitunter sehr abenteuerliche Bestimmungen umfafst, haftet der Bürge regelmäfsig im
vollen Umfang für den Hauptschuldner. Besonders häufig wird sie
— neben der Kaution — bei schwerer Bedrohung von Amtswegen
auferlegt.[30])

---

[22]) PO. 47.   [23]) PO. 48.   [24]) Haderb. II, 91.

[25]) Rtschlb. Sim. Cllüver, 832; Rtb. VI, 232 St.A.

[26]) Haderb. I, 1483—96, 129; PO. 20.

[27]) PO. 36, 49; Haderb. I, 172.

[28]) Rtschlb. 1524—84, 561.

[29]) PO. 38; soll er den Kirchhoff widerweichen lassen vf sin selbscosten,
Rtb. I, 220 St.A.

[30]) s. Verfahren, 509, (117), AB. I und Bedrohung; Bezügl. der „Münz-
verhältnisse" s. d. ausführl. Abh. in Hegel, 1, 224 ff.

Exkurs: Volksjustiz.

Ungerecht und oberflächlich bekundet sich die Volksmeinung in ihren Worten, wie in ihren Taten.

Gar viele der in diesem Werke als Verbrecher Gezeichneten sind lediglich traurige Opfer der Volksjustiz, einer nichtssagenden Verdächtigung Verfolgung, Tortur und Richtung dankend. Legte ja doch das alte Verfahren übergrofse Bedeutung auf das Gerüfte und Gerüchte, war doch der böse Leumund einer der Hauptfaktoren der mittelalterlichen Beweisaufnahme, verdachterweckendes Aussehen und Gebahren der Freibrief für summarische Aburteilung. Und wenn sonst gerade im Kleinwesen das Unkraut der schlimmen Meinung und Verleumdungssucht rascher Wurzel zu fassen und üppiger zu wuchern vermag, so trieb es auch in den Jahren des Verkehrsreichthums der Reichsstadt noch manch düsterrote Blüte. Der Anzeichen sind es genug, dafs es der Rat nicht immer verstand, offenbar vage — gegen Hohe oder Niedere — gerichtete Gerüchte kategorisch niederzuzwingen.

Und auch in ihren Taten geberdet sich die Volksjustiz zuweilen so urwüchsig und elementar, dafs ihr die allzu wenig disziplinierte und energische Hermandad indolent gegenübersteht. So ist insbesondere der Nachrichter während der Exekution im Fall des Mifslingens derselben vogelfrei; kein Friedgebot, keine Strafdrohung vermag dieser Anschauung entgegenzuwirken. Gegen einzelne Frevler geht man freilich oft mit unerbittlicher Strenge vor; aber wenn, wie mitunter, der Pöbel sich in Masse mit Hämmern, Beilen und andrer Wehr bewaffnet bei der Richtung zusammenschaart und selbst die Kapläne und Stadtknechte mit Würfen und Hohnreden zu begrüfsen nicht zagt, mufs man sich lediglich darauf beschränken, den gefährdeten Nachrichter zu „retten", jeglicher Verfolgung der Friedbrecher entsagend.[1])

Nur einiger prägnanter Auswüchse der Volksjustiz will ich noch gedenken. So der Steinigung des Boten Simon, den man — wohl unbegründet — für einen Verräter hielt. Nachdem er im Vorjahr mit knapper Not dem Verderben entronnen, wurde er 1611 sammt seinem Weibe von den Handwerksbuben tot geworfen „ohne Barmherzigkeit, wie ein toller, rasender Hund!" Der Rat wähnte, der Gerechtigkeit Genüge geleistet zu haben, da er einige

---

[1]) s. Verfahren, 533, (141).

der Mörder in das Loch steckte, die übrigen aber für „unredlich"
erklärte.[2]) 1657 wurde die „Köfslin" wegen ärgerlichen Wandels
barhaupt und barfufs, mit der Rute vor die Kirche gestellt und
durch Stadtknechte zum Thor hinausgeführt. Hinter dem Hochgericht überfällt sie unvermutet der Pöbel, bewirft sie mit Unrat
und jagt sie bis hinter den Hummelstein in den Wald. Sie dichtet
selbst ein Lied hierüber und gelangt später durch Geldsühne wieder
in die Stadt.[3])

Zwei Diebsbrüder wurden gehenkt, ihre Mutter Kordula strich
man mit Ruthen. Nach Überstehung der Strafe „ist sie von den
bösen Buben hin und her getriben, gerissen und gezerret worden,
dafs sie wider ihren Willen um das hohe Gericht herumgehen
und ihre pflänzlein anschauen, ja den hügel hinaufsteigen müssen.
Sie ist so geplagt und gemartert worden, dafs sie denselben Tag
über im graben nicht weit vom hohen Gericht gelegen und schier
verschmachtet ist".

Lakonisch lautet auch (1536) der Eintrag: „Hosenstrickers
Ursul ausgehaut, hernach wurde sie mit Steinen zu tot geworfen,
hat vorher gebeichtet".[4])

---

[2]) Stark, Chron., 1611.   [3]) Mfzb. 1657.

[4]) Mfzb. 1636; 1558 findet sich eine Verrufung wegen einer Bettelfrau,
die unter dem Verdacht, dem Rat einen Totschlag angezeigt z. h., vom Pöbel
fast gesteinigt worden wäre, Mand. 1558.